丸山眞男と橋川文三

「戦後思想」への問い

平野敬和

教育評論社

丸山眞男と橋川文三◎目次

第六章　橋川文三の戦争体験論とナショナリズム論

装幀　クリエイティブ・コンセプト（松田晴夫）

序章　問題の所在

一　「戦後思想」を問うこと

戦後日本における批判的知の枠組みが急速に崩壊した現在、その思想的遺産にどのように向き合うのかが問われている。冷戦体制の崩壊を契機として、とりわけ日本においては「戦後五〇年」をきっかけとして、戦後の歴史研究に関しても、その枠組みを相互補完的に規定したマルクス主義と近代主義の有効性が問われてきた。こうした問題関心は、現在、哲学・歴史学・文学・社会科学などの領域を越えて、既存の認識枠組みの転換を試みる研究に共有されている。

しかし、戦後日本の思想的遺産について、その内部から批判的に再考するのは、きわめて困難な作業である。むしろ、現在の思想状況を見渡すなら、そうした思想的遺産を無視するか、あるいは批判を展開する場合でも、意図的にその外部に立つという特権的位置からのものが多いように思われる。そのいずれも、実は論者が、戦後の思想的遺産の重みから解放されていないことを意味しているのではないか。それを回避するためにも、戦後日本にどのように向き合うのかという問題は、それとどのように関わって来たのかという自らの立場性（positionality）への問いに帰着せざるを得ないのである。

こうした問いかけは、脱冷戦期の東アジアにおいて、歴史認識をめぐる新たな論争が引き起こされていることに関わる。とりわけ、ナショナリズムをめぐる論争は、過去の清算の問題と密接に関わって、深刻な問題となっている。そこでは、戦争の歴史認識を論じるという関心から、戦後という時代をどのように考えるのかという問いが提起されているのである。「戦後思想」とは戦争体験の思想化であったことに鑑みるなら、戦争体験を持つ戦後知識人が戦争と敗戦の体験をどのように思想化しようと試みたのかという問題を辿ることは重要である。歴史認識の問題が改めて問われている現在、戦争体験の思想化に取り組むことの困難性を議論に抱えていた戦後知識人のテクストを読む作業を通して、その思想的遺産に向き合うことを、ここでの課題としたい(1)。

近年、「戦後日本」の枠組みがどのような形で成立したのかという問題について、改めてその形成期である一九五〇年代への関心が高まっているのも、以上のような問いと密接に関係している。すなわち、朝鮮戦争を経た東アジア冷戦体制の確立、冷戦や逆コースとの対抗関係から明確になった政治・社会の対立軸、そして占領という閉塞的な空間を経て強化された一国史的な戦争の記憶の醸成など、五〇年代に形成された「戦後」の有効性が問い返されているのである。その際、私たちには、帝国支配と冷戦構造がある種の差異を含んだ連続性の相を呈していることに注意を促しながら、その展開過程を批判的に捉えることが求められている。その意味において、五〇年代への注目は、体制としての「戦後」の固定化に対してどのような批判の可能性があり得たのかという問いを含むものである。日本の「戦後思想」の展開過程についても、その形成は占領下の四〇年代後半よりは、五〇年代に進行した事態であることが明らかになりつつある。占領下の統制された言論状況を経て、アジア・太平洋戦争の経験が主題化されたのは、朝鮮戦争を経て冷戦体制の確立する五〇年以降のことである。

このような点を踏まえて、本書では、戦前／戦後の連続性を問題にしながらも、日本の「戦後思想」の成立・展開過程を一九五〇年代から六〇年代に辿ることになるであろう。そして、そこで成立した「戦後」の有効性を、現在という地点から改めて考察することが、ここでの課題となる。その際に重要なことは、日本の「戦後思想」を一国史的に理解するのではなく、とりわけ東アジアの政治・社会状況との関係において捉えることである。そのうえで、戦前が戦後に入り組んでいる思想状況を見極め、また戦後を戦前から照らし返すという往還作業を試みる。(2)

以上のような問題関心に基づいて、日本の戦後知識人がどのように日本と東アジアの思想状況を論じたのか／あるいはどのような問題を論じ得なかったのかを分析することから、彼らの議論の射程を再考する。

二　丸山眞男と橋川文三

本書は、日本の「戦後思想」を問題にするにあたって、丸山眞男《まるやままさお》（一九一四―九六年）と橋川《はしかわ》文三《ぶんそう》（一九二二―八三年）という、戦後日本を代表する二人の思想家のテクストを取り上げ、彼らの批判的精神の可能性を探るものである。丸山と橋川は「師弟関係」にあり、思想的には深いつながりを持ちながらも、問題関心には隔たりがあった。それは、両者の世代的な差に加えて、キャラクターの相違にも起因していた。ここでは、二人の思想家を並べて論じることから、それぞれの個性をより明確に捉えることができるのではないかと考えている。また、両者をつなぐものとして、竹内好《たけうちよしみ》（一九一〇―七七年）のテクストにも言及する。

丸山は日本の「戦後思想」の柱となる存在であり、本書でも多くの頁を割いて論じることになる。彼は近代日本のナショナリズム、民主主義、ファシズム、天皇制に関する批判的分析を行うとともに、同時代の政治状況に対する発言や実践を通じて、日本の社会科学と戦後民主主義思想に多大な影響を与えた。主著である『日本政治思想史研究』や『現代政治の思想と行動』は、現在「古典」の位置を占めている。それだけに、丸山に関する研究文献は膨大であり、ともすれば彼のテクストの再構成的作業に陥りがちである。ここでは、それを避けるためにも、丸山が提起した問題関心の原点に立ち返って、彼の批判的精神を取り出すことを心がけたい(3)。

戦中・戦後の丸山の立場性については、知識人の中でも、戦後転向が見られない点において、独自の位置を占めている。彼の問題関心は一貫して、近代的な個人を支える主体性を、日本社会においてどのように確立するのかということにあった。そして、丸山に代表される戦後民主主義の知識人は、戦後日本において展開した民主主義的な思想・運動が、その制度的基盤を占領軍という外からの力に依存していることに対して、強い危機感を抱いていた。丸山は後に、「近代日本の知識人」の中で、敗戦直後には知識人の間で、戦時期の自己の行動に対する悔恨が共有されていたと述べている(4)。なぜ戦争に対して反対の声を挙げることができなかったのか、なぜ戦争を阻止することができなかったのかという悔恨は、再び過ちを犯してはならないという決意を生んだのである。それゆえ、冷戦体制の確立により民主主義の理念が逆行を余儀なくされると、彼らは日本社会に真の意味での民主主義を根付かせるための様々な活動に取り組んだ。ここでは、そのような戦争体験に基づく問題関心が、丸山の思想的作業の中でどのように展開されるのか、という点に注目したい。

橋川は丸山の思想的作業を引き継ぎながらも、戦争体験やナショナリズムに関して独自の議論を展開した。また、そこには、竹内の影響も色濃く見て取ることができる。近年、橋川の著作は改めて注目されており、断片的に引用されることはあるものの、彼の思想的作業に関するまとまった研究が発表されているわけではない。ここでは、日本の「戦後思想」に関する研究を進めるにあたり、丸山・竹内などに加えて、彼らの影響を受けながらも、戦争体験やナショナリズムに関して独創的な分析を試みた橋川について、再検討を試みたい。

『日本浪曼派批判序説』に始まる橋川の思想史研究は、自己の原体験としての日本浪曼派のロマン主義・民族主義を発酵させた「母胎としての心性[5]」の究明にあった。それは、戦前から戦中にかけて反近代と古典回帰を唱えた日本浪曼派、とりわけ文芸評論家・保田與重郎の色濃い思想的影響を受けた自らの戦争体験を思想化することを意味した。その思想的作業は、丸山など戦後啓蒙派の知識人とは異なり、敗戦という「挫折」の中から探求すべき課題を見出すものであった。そこにはまた、戦後民主主義思想が一九五〇年代後半に新たな批判にさらされる中で、それを内部から乗り越えることはどのようにして可能か、という問題関心を見て取ることができる。橋川の思想的作業について、それを「戦後思想」の再検討に結び付けて考える際、彼が切り開いた議論の地平を積極的に見出すと同時に、その立場の困難性を見据えて、その有効性を再検討することが必要である。

両者をつなぐ存在としての竹内は、丸山と並んで「戦後思想」を代表する思想家である。戦中に発表された『魯迅』を始めとして、戦後も魯迅を手掛かりに、日本の近代化、中国観・アジア観、ナショナリズムを問い直した。また、「近代の超克」やアジア主義など、戦後日本において積極的に顧みられなかった主題を扱い、戦争体験の思想化に取り組んだ。この中で、竹内はアジアのナショナリズムが日本のそれとは質的な違いを持っていることにこだわり、戦後も一貫して、それとの連帯を可能にするための道筋を探っていた。そうした思想的作業は、同時に、日本の近代に対する内在的な読みを提示することになったのである。その立場性は、橋川にも影響を与えることになった。

以上のような点を踏まえて、それぞれのテクストの重なり合いとずれの中から、日本の「戦後思想」の課題を探るのが、本書の目的である。丸山と橋川は、異なった方法で戦争体験の思想化に取り組んだ。ここでは、その作業の困難性を見据える中から、「戦後思想」が立ち上がる過程を考察することを試みる。

三　敗戦感覚

本論に入る前に、丸山・竹内・橋川における敗戦感覚の違いを確認しておきたい。なぜなら、これから見るように、三人の思想家の敗戦感覚は、それぞれのテクストに色濃く影を落としているからである。

丸山は一九三七年に東京帝国大学法学部政治学科を卒業し、同学部助手を経て、四〇年に助教授となる。後に『日本政治思想史研究』としてまとめられる論文を書いていたのは、この頃である。四四年、朝鮮・平壌に応召、脚気を患い内地送還、召集解除される。四五年、広島市宇品の陸軍船舶司令部に再応召、被爆する。そこで敗戦を迎えた。

ここでは、敗戦後、丸山の名が知られるきっかけを作った「超国家主義の論理と心理」を見てみたい。その最後は、次のような一文で閉じられている。

日本軍国主義に終止符が打たれた八・一五の日はまた同時に、超国家主義の全体系の基盤たる国体がその絶対性を喪失し今や始めて自由なる主体となった日本国民にその運命を委ねた日でもあったのである(6)。

ここに見られるのは、敗戦による国家の崩壊を受けて、丸山があえて戦前と戦後を断絶させ、そこに真の近代化の出発点を定めるという、決然とした態度である。「八・一五の日」は、「日本軍国主義」に終止符を打った記念すべき日として、この後も、彼において繰り返し参照されることになる。第二章で検討するように、丸山は日本国民が「日本ファシズム」を生み出した過去を自己批判し、戦後日本の秩序を不断に作為する近代的主体になるべく、国民精神の変革を遂げることに望みを託す。そして、このような批判の方向性は、戦前と戦後の断絶を高らかに表明するものとして、広く受け入れられるのである。

陸軍船舶司令部の参謀部情報班で、船舶情報と国際情報を収集する仕事を担当していた丸山は、その年の七月には連合国のポツダム宣言を新聞で読んだという。彼は後に、その時の感覚を、次のように述懐している。

終戦直前に新聞に小さく載ったポツダム宣言を読んだときに、一度にそのシコリみたいなも

の（国体の呪縛——引用者注）がとれて、爽快な風が頭のなかをふきぬけた感じだった。(7)

そして、もし日本が降伏勧告を受諾したなら、日本政府は「言論、出版、集会の自由」、特に「基本的人権の尊重」に努めなければならないという言葉を見た瞬間、「からだ中がジーンと熱くなった」という。(8)「基本的人権」という、久しく見たことのない活字を目にしたことで、顔の筋肉が自然に緩んでくるのを抑えることはできなかった。丸山は、相好をほころばせたところを人に見られたら大変なので、感情を殺すのに苦労したという。こうした敗戦感覚は、戦後、彼が日本の「超国家主義」＝ファシズムを批判する際の立ち位置と密接に関連している。

竹内は東京帝国大学文学部支那哲学支那文学科在学中の一九三四年、武田泰淳らとともに中国文学研究会を発足させ、翌年、会誌『中国文学月報』（後に『中国文学』と改題）を発刊した。三七年から二年間、北京に留学する。日中戦争の進行に苦悩するが、対米英戦争開戦に際しては「大東亜戦争と吾等の決意（宣言）」（『中国文学』一九四二年一月号）を書き、新しい歴史が作られることへの感動を記した。四三年、最初の著作である『魯迅』を残して応召、中国に送られる。敗戦後、捕虜として一年近く抑留され、四六年に復員した。

竹内の敗戦感覚は、丸山のそれとは随分異なっている。竹内は後に、ポツダム宣言を見た時の丸山との感覚の違いに触れて、次のように言及している。

この話をきいたとき（先程引用した「日本人の道徳」における丸山の発言――引用者注）、私は感動した。そして自分をふりかえってみて、そういう経験をもたなかったことを残念におもい、また後悔した。私もたしかに、ポツダム宣言は新聞で見たのである。漢口で出ている日本新聞で、それが一日か二日おくれて配達されてきた。ポツダム宣言を見たときの印象は、よく思い出せない。型にはまった戦争記事ばかりの間に、そこだけ風が吹きぬけているような、異様な感じがしたことをバクゼンと思い出すが、宣言の全文がのったのかどうかも、記憶がたしかでない。ただ、それを見たとしても、自分とは何の関係もない、遠い世界の出来事という感じがしたにすぎなかった。

これには、国内の軍隊と、在外駐屯軍のちがいということもあるだろうが、そればかりではないような気がする。やはり抵抗の姿勢に関係があるのではないか。もう一つ、政治知識――というより政治感覚のちがいということもある。私は、あのような形の終戦を予想することができなかった。(9)

この文章の中で、とりわけ興味深いのは、竹内が丸山との「政治感覚のちがい」を言うところである。竹内にとって、敗戦は、丸山が言うようには戦前と戦後の断絶を明確に言い出すことのできないものであった。先程も述べたように、竹内は対米英戦争開戦に際して「大東亜戦争と吾等の決意（宣言）」を書いた。竹内が開戦に心を揺さぶられたのは、それが日中戦争に抱いていたわだかまり、陥っていた無力感を吹き飛ばし、彼を高揚感で包み込んだからである。そこには、生涯アジアと誠実に関わろうとした竹内の屈折した心情を読み取ることができる。その意味でも、丸山が批判する日本の「超国家主義」＝ファシズムに対して、竹内はその外側からそれを批判することはできないと考えたのである。さらに、竹内は敗戦直後の見通しについて、丸山とはかなり異なった感覚を持っていたという。

天皇の放送は、降伏か、それとも徹底抗戦の訴えか、どちらかであると思った。そして私は、後者の予想に傾いていた。ここに私なりの日本ファシズムへの過重評価があった。私は敗戦を予想していたが、あのような国内統一のままでの敗戦は予想しなかった。(10)

このように述べて、竹内は日本の軍国主義の崩壊がスムーズに進んで行ったことへの違和感を表明する。近年、優れた竹内研究を発表した孫歌が指摘しているように、「ある意味で、一九四五年八月一五日という歴史的日付における、敗戦をめぐっての竹内好と丸山真男の政治感覚の違いは、二人のその後の一生の思考軌跡の違いを決めるものであった」[11]。すなわち、戦後の丸山が日本の「超国家主義」＝ファシズムについて、それとの断絶を強調するのに対して、竹内はその内部から批判を試みるための視座を探ることになるのである。この点については、本書でも繰り返し問うことになるであろう。

橋川は丸山・竹内と年齢が一回り近く離れており、「戦中派」に属する。「戦中派」とは、敗戦時に一〇代後半から二〇代前半の青年期であった世代を指す。評論家・吉本隆明や作家・三島由紀夫はその代表的な存在であり、そこにはある共通性があった。第一に、「戦中派」は戦前に一定の人格形成を終えていた丸山や竹内の世代とは異なり、物心ついた時から戦争の中にいることを余儀なくされた。それゆえ、マルクス主義など、社会を批判的に分析する学問に触れる機会を持たない世代であった。第二に、「戦中派」は戦時期に最大の動員対象にされ、最も死傷者が多かった。彼らの多くは、戦争こそが正常であり、平和の方が異常であるという感覚を抱いていた。そして、しばしば「戦死」への憧憬を語った。以上のような世代感覚が、戦後、前世代への反発となって表れるのである[12]。

橋川は一九四二年、東京帝国大学法学部政治学科に入学する。四三年九月に「学徒出陣」のために臨時徴兵検査を受けるが、胸部疾患のため丙種合格となり、徴兵されなかった。それゆえ、戦後、生き残ったことの意味を問うという課題が、重くのしかかることになった。「死に損いの半存在による死んだ半存在の供養[13]」とは、自らの問題関心に戦死者の存在が大きく横たわっていることの表れである。彼は後に、日本戦没学生記念会（わだつみ会）の常任理事となり、五九年からは、機関誌『わだつみのこえ』初代編集長ともなる。

そうした経歴を持つ橋川は、丸山・竹内とはまったく異なった感覚で、敗戦を捉えている。橋川が敗戦時を振り返って記した文章には、そうした世代的関心を見て取ることができる。

八月十五日正午、私は部屋にいた。アパートの人たちも、大ていどこにも出かけないでいた。工場でも、どこでも、もうすることなどないといってよかったのである。ラジオはとなりの組長Tさんの家に集って聞いた。

終ったとき、ながいながい病床にあった老人の死を見守るときのように、いわれのない涙が流れた。その時思ったことは二つだけである。――一つは、死んだ仲間たちと生きている私との関係はこれからどうなるのだろうかという、今も解きがたい思いであり、もう一つは、今夜から、私の部屋に灯をともすことができるのかという、異様なとまどいの思いとであった[14]。

ここで橋川は、「死んだ仲間たちと生きている私との関係はこれからどうなるのだろうかという、今も解きがたい思い」と述べているが、それこそ彼の思想史研究の最も重要な主題として、繰り返し問われることになる。その意味では、橋川にとって、戦争と敗戦の経験は、絶えず客観的な主題化の困難性を伴うものとしてあった。第五章と第六章で検討するように、橋川が丸山の思想史研究に対して抱く違和感、とりわけ丸山の「超国家主義」論に対する批判は、こうした敗戦感覚と深く関係しているように思われる。橋川において、日本の「超国家主義」の問題は、まさに自らの内部への問いであるがゆえに、思想化が困難であった。

三人の思想家は、互いの仕事に対して敬意を抱きつつも、しかし、それぞれ固有の問題関心を持っていた。丸山・竹内・橋川の敗戦感覚の違いは、これから検討するように、三人の思想家の立場性を規定している。その意味において、彼らは自らの戦争と敗戦の体験に、生涯誠実に向き合ったのである。その思索の強靭な営みこそ、私が日本の「戦後思想」を分析する際に、この三人の思想家を取り上げる理由である。

四　本書の構成

本書の章立ては、次の通りである。

第一章から第四章では、丸山のテクストを取り上げる。第一章「戦時期の丸山眞男」では、丸山が日本政治思想史の研究を志した経緯を辿り、後に『日本政治思想史研究』としてまとめられる論文の分析を試みる。戦時期は、荻生徂徠や本居宣長を中心に、徳川思想史の読み直しを通じて、近代日本における主体意識成立の萌芽を探究した。また、従軍体験・原爆体験など、戦後の彼の思想的作業にも多大な影響を与えた戦争体験について考察する。

第二章「丸山眞男の「日本ファシズム」批判」では、敗戦直後の丸山について、彼の思想の中で最も注目された「日本ファシズム」に関する研究を取り上げる。占領下で発表された「超国家主義の論理と心理」を始め、今日でもよく読まれる研究成果について、その思想的意義を分析する。また、丸山の天皇制に関する態度の変化を追うことから、彼における戦前と戦後の断絶の問題に迫ることにしたい。

第三章「一九五〇年代の丸山眞男」では、丸山におけるナショナリズム論の展開を、当該期の東アジアの政治・社会状況との関係において位置付ける。「戦後思想」が形成される過程で、彼がどのように冷戦体制と東アジアの民族運動に向き合ったのか、という問題について分析する。また、平和問題談話会や憲法問題研究会などの活動を通じて、彼が現実政治との関わりを深めていく過程を考察する。

第四章「丸山眞男の思想史論」では、丸山の思想史の方法的立場の変遷を辿ることにしたい。「日本の思想」や「歴史意識の「古層」」など、今日でもよく知られた議論が提示されるのは、一九五〇年代後半から七〇年代にかけてのことである。それにより、占領下の議論から、どのような展開が試みられたのか、という問題について検討する。また、一九九〇年代以降に展開された丸山をめぐる言説の特徴をまとめることから、本書の問題関心を明確にする。

第五章と第六章では、橋川のテクストを取り上げる。第五章「橋川文三の戦中／戦後」では、橋川の日本浪曼派批判を中心に、彼の研究の出発点について検討する。橋川の最初の著作である『日本浪曼派批判序説』は、戦後初めての本格的な日本浪曼派批判であると同時に、「戦中派」の戦時体験の思想的意味を問うたものとして重要である。ここでは、彼の議論を通して、ロマン主義批判の可能性について考える。

第六章「橋川文三の戦争体験論とナショナリズム論」では、橋川がどのような形で自らの戦争体験に向き合ったのかという問題について、彼の戦争体験論を取り上げる。また、橋川のナショナリズム論に関して、丸山の思想史の方法論を意識する形で提示された「昭和超国家主義」論の独自性を検討する。

終章「むすび」では、丸山と橋川の思想を取り上げることについて、改めてその意味付けを行う。

本書では、それぞれの思想家を取り巻く思想状況についても、適宜触れるつもりである。そして、彼らのテクストについて、思想家個人の中で完結したものとしてその内部的展開を追うのではなく、それらが時代状況の中でどのような問題関心を抱えるものであったのかという点に注目することにしたい。

◇注

以下、『丸山眞男集』全一六巻・別巻一（岩波書店、一九九五—九七年）からの引用は『丸山集』、『丸山眞男座談』全九冊（岩波書店、一九九八年）からの引用は『丸山座談』、『竹内好全集』全一七巻（筑摩書房、一九八〇—八二年）からの引用は『竹内全集』、『橋川文三著作集』増補版、全一〇巻（筑摩書房、二〇〇〇—〇一年）からの引用は『橋川著作集』と略し、巻数と頁数をその下に記す。

（1）戦後思想とは戦争体験の思想化であったという指摘については、小熊英二『〈民主〉と〈愛国〉――戦後日本のナショナリズムと公共性』（新曜社、二〇〇二年）を参照。
（2）近年の代表的な試みとして、丸川哲史『リージョナリズム』（岩波書店、二〇〇三年）を挙げることができる。
（3）米谷匡史・道場親信「丸山眞男を読みなおす　その論点と可能性」（『KAWADE道の手帖　丸山眞男』河出書房新社、二〇〇六年）は、一九九〇年代以降の丸山論を総括したものとして重要である。ここでは、丸山における戦時／戦後の連続と断絶、戦時動員との関わり、天皇制論の位置付け、アジアへの眼差し、冷戦体制下のナショナリズムに対する見方、さらにはその後の「丸山学派」との思想的連関など、現在丸山のテクストについて読み直されるべき論点が、的確に整理されている。
（4）丸山眞男「近代日本の知識人」『学士会会報』特別号、一九七七年一〇月（『丸山集』第一〇巻、二五四頁）。
（5）橋川文三『日本浪曼派批判序説』未來社、一九六〇年（『橋川著作集』第一巻、九頁）。
（6）丸山眞男「超国家主義の論理と心理」『世界』一九四六年五月号（『丸山集』第三巻、三六頁）。
（7）磯田進・竹内好・鶴見和子・丸山眞男「日本人の道徳」『教育』一九五三年三月号（『丸山座談』第二冊、二五三頁）。
（8）宇佐見英治・宗左近・曾根元吉・橋川文三・丸山眞男・安川定男・矢内原伊作「戦争と同時代――戦後の精神に課せられたもの」『同時代』第八号、一九五八年一一月（『丸山座談』第二冊、二〇七頁）。

(9) 竹内好「屈辱の事件」『世界』一九五三年八月号(『竹内全集』第一三巻、八〇頁)。
(10) 同前、八二頁。
(11) 孫歌『竹内好という問い』岩波書店、二〇〇五年、一五六頁。
(12) 「戦中派」の特徴については、小熊英二『〈民主〉と〈愛国〉——戦後日本のナショナリズムと公共性』(五九八—六一〇頁)を参照。
(13) 橋川文三「幻視の中の「わだつみ会」」『東京大学新聞』一九六〇年一二月七日(『橋川著作集』第五巻、三一九頁)。
(14) 橋川文三「敗戦前後」『映画芸術』一九六四年八月号(『橋川著作集』第五巻、三一一頁)。

第一章　戦時期の丸山眞男

一　研究者への道

丸山眞男が専門として学問を志したのは、東京帝国大学法学部政治学科三年の時である。父は政論記者の丸山幹治（侃堂）であり、もともと丸山自身もジャーナリスト志望で、通信社に入って海外勤務をすることが夢であった。その年の秋の終わり頃に、たまたま法学部助手募集の掲示を見て、応募する気になったという。丸山の大学時代は、次第にファシズムの雰囲気が濃くなり、戦時体制化が進んでいった時期に当たる。天皇機関説事件に触発された国体明徴運動の中で、大学に対する右翼や軍部の攻撃も激しくなっていった。大学時代の丸山は、特に国家権力に対抗していたわけではない。その意味では、後に「戦後民主主義の旗手」として同時代の政治・社会状況に対する批判を試みる丸山を、この時期に投影することはできない。しかし、時代の閉塞感は、彼が身をもって体験したものであった。

丸山には、まだ第一高等学校の学生であった一九三三年、東京本郷・仏教青年会館で開催された唯物論研究会創立記念第二回講演会に出席して、本富士署に検挙・拘留された経験がある。講演会に出席したのは、唯物論研究会そのものへの関心というより、父・幹治とも親交があったジャーナリスト・長谷川如是閑の話を聴くためであった。丸山の死後に公表されたノート『自己内対話』の記述によると、まったく予期しない形で逮捕されて留置場に送られた時、「不覚にも一睡もできない留置場で涙をながした。そのことがまた、日頃の「知性」などというものの頼りなさを思いきり私に自覚させた」[1]。それは、後の「軍隊体験にまさるとも劣らぬ深い人生についての経験」[2]であったという。すぐに釈放されたものの、以後、思想犯被疑者として、大学二年から東大法学部助教授に任ぜられるまで、定期的に特高の来訪や憲兵隊への召喚などを受けた。

一九三六年、おそらくまだ進路に悩んでいた頃、丸山は東大の学生団体である緑会の懸賞論文「政治学に於ける国家の概念」を書き、入選した。この題目で出題したのは、東大法学部教授で、カントの研究で知られた政治哲学者・南原繁であった。南原は戦前のリベラリズムを代表する研究者であり、丸山は大学三年の時、彼の講義と演習に参加していた。丸山の論文の内容は、当時のマルクス主義の影響を受けた近代批判であった。戦前から戦後のマルクス主義系の論者は、近代市民主義ないし近代資本主義への批判を唱えていて、近代批判は当時の知識人によく見られるものであった。野呂栄太郎・服部之総・羽仁五郎・平野義太郎・山田盛太郎らを中心に、三二年から三三年にかけて岩波書店から刊行された『日本資本主義発達史講座』を、丸山は三四年頃に読んだという。それ以来、講座派マルクス主義の理論に関心を寄せていた彼にとって、近代批判は身近なテーマであったと考えられる。

丸山の「政治学に於ける国家の概念」は、近代の個人主義に基づく市民社会の観念を、経済人としてのブルジョワジーのイデオロギーとしたうえで、資本主義の高度化に伴って個人主義的国家観が捨て去られ、それに代わってドイツ・イタリアのファシズムに代表される全体主義的国家の観念の時代になったことを批判的に描くものである。その意味で、ファシズム批判こそが彼の思想的作業の出発点であったことをうかがい知ることができる。その批判の方向性は、ファシズムを西欧的近代（その基礎となる社会的実在である市民社会）がその当初からはらんでいた矛盾の一帰着点として把握したうえで、西欧的近代の現代的意義を説く近代主義的な立場を打ち出すという、二面的なものであった。

丸山は当時、この論文について、「これが通用するなら、研究室に残ってもいい。これは国家学についての一種の人民戦線だ」と友人に語っていたという(3)。そして、自分には検挙された経歴があったこと、またマルクス主義に影響を受けた論文を書いたことを踏まえても、そういう人間を助手として雇うだけの空間であることを期待して、応募したのである。南原はそのようなことを含み込んだうえで、丸山を助手に採用した。そのことで、彼に研究者への道が開かれたのである。

丸山が助手に採用された頃、当時の国粋主義運動は帝国大学に象徴される特権階級への批判を強めていた。一九三〇年代は、大学人が思想や学説ゆえに職場を追われていった時期に当たる。二八年にマルクス主義者であった京都帝国大学経済学部教授の河上肇が、辞職を迫られ依願免官となったのを手始めに、三三年には京大法学部教授の滝川幸辰がその刑法学説により、三五年には貴族院議員（元東京帝国大学法学部教授）の美濃部達吉がその憲法学説により、三七年には東大経済学部教授の矢内原忠雄、三九年には同学部教授の河合栄治郎がその自由主義思想を主因として、それぞれ職を去ることを余儀なくされたのである。

東大法学部もまた、攻撃の対象となっていた。そうした中、丸山によれば、法学部の研究室だけがリベラルな発言を許す空間だったのである。たとえば、一九四一年一二月八日の対米英戦争開戦に際して、南原は、「このまま枢軸が勝ったら世界の文化はお終いです」と述べ、学部長を務めた法学者・田中耕太郎も、「日本が大東亜戦争に負けた方が世界文化のためによい」と発言したらしい。丸山は『自己内対話』の中で、法学部の研究室は「別世界のようにリベラルであったし、私はこの僅かに残されたリベラルな空気を酸素吸入器をあてられたようにむさぼり吸いながら戦時をすごした(4)」と記している。戦前の軍国主義時代において、そこは彼にとって唯一の自由な空間であり、「「国内亡命」の場」であった[5]。

ただ、青年期に講座派マルクス主義の影響を受けた丸山と、南原や田中などの間には、世代的な認識のずれがあったことも確かである。南原や田中はおよそマルクス主義的ではなく、また天皇個人に対しても親近感を抱いている保守的な自由主義者であった。それでも、マルクス主義者が転向して、戦争協力に傾いていく中で、南原や田中が軍部ファシズムの攻撃に屈することなく、彼らなりの筋を通していたことに、丸山は強い印象を受けたようである。丸山は後に、自分には二人の先生がいたと語っている。一人は南原であり、もう一人は如是閑であった。前者がドイツ観念論、特にカントの研究に携わる徹底したアカデミシャンであったのに対して、後者はドイツ観念論を嫌い、また教職に意識的に就かないジャーナリストであったという点において、対照的であった[6]。丸山はそれぞれの立場を理解したうえで、二人に親しく接する中で、自らの問題関心を相対的に捉える方法を身に着けたのであろう。

さて、当初、丸山はヨーロッパ政治思想史を志望していたが、南原は彼に日本の伝統的思想あるいは中国の古典の政治思想の研究を勧めた。そこには、次のような事情があった。丸山が思想史の研究を志した頃、文部省は国体明徴運動の推進の一環として、帝国大学に「国体学」講座を設置する方針を打ち出していた。実際、東大文学部では一九三八年に「国体講座」として日本思想史講座が開講され、歴史学者・平泉澄が担当した。また、少し遅れて、倫理学者・和辻哲郎が担当する日本倫理思想史講座では、「国体思想の歴史」が講義されたのである。三九年、法学部においてこれらの講座と並行して政治学政治学史第三講座（東洋政治思想史講座）が開設されることになった。そして、この講座では、早稲田大学文学部教授の津田左右吉が非常勤講師として最初の講義を行った。当時、津田はすでに歴史研究の大家であり、ここには南原の強い意向があった。記紀神話についての実証的研究を通じて、その政治的作為性を批判していた津田は、国体論者とは異なる思想史の可能性を示す研究者であると考えられたのである。南原はその東洋政治思想史の講義を、将来丸山に担当させることを想定していた。

津田の講義は「先秦時代の政治思想」と題され、中国の先秦時代の政治思想史を、儒教を中心にして、諸子百家まで講義するというものであった。丸山は南原の指示を受け、津田の講義を毎回聴講した。そして、津田の出講は、思いがけない結果をもたらすことになる。その最終講義が終わった時、津田が超国家主義団体に属する学生たちから激しい弾劾質問にさらされるという出来事があった。それは、講義の内容そのものに対する批判というよりも、津田の著作（岩波書店刊行の『支那思想と日本』や『儒教の実践道徳』）の主張が、当時の右翼や軍部から攻撃を受けていたことに関わっている。その意味では、当初から計画されていた組織的な攻撃であった。それは、蓑田胸喜らの原理日本社が軍部・貴族院議員や財界の一部の後援を得て作った学生協会のグループによるものであった。

そして、時をおかず、津田の古代史研究の書物（岩波書店刊行の『神代史の研究』、『古事記及日本書紀の研究』、『日本上代史研究』、『上代日本の社会及び思想』）は、同種の団体から「神代及上代抹殺論」として攻撃され、それに呼応して内務省はそれらを発禁とする判断を下すとともに、津田は発行者である岩波書店店主・岩波茂雄ともども検事局に召喚され、取調べを受けた結果、起訴されたのである。一九四〇年には、早大教授の職を辞するに至った。南原が後に、丸山眞男・福田歓一編『聞き書　南原繁回顧録』（東京大学出版会、一九八九年）の中で振り返っているように、もし津田が東大に出講することがなければ、このような事件に発展することはなかったであろう。そのことは、丸山にも強い印象を残したようである。(7)

二　日本政治思想史の研究

丸山は一九四〇年、助手論文として「近世儒教の発展における徂徠学の特質並にその国学との関連」を東大法学部の機関誌『国家学会雑誌』に発表し、助教授となった。次いで、「近世日本政治思想における「自然」と「作為」――制度観の対立としての」と「国民主義の「前期的」形成」を同誌に発表した。そして、四二年から、東洋政治思想史講座を担当することで、日本政治思想史の研究の開拓者となったのである。これら戦中に発表された三本の論文を集めて刊行されたのが『日本政治思想史研究』（東京大学出版会、一九五二年）であり、この書物は戦後日本の思想史研究の出発点ともなった。本節では、これらの論文を中心に、戦中の丸山の問題関心を辿ってみたい。

丸山の論文には、二つの思想的課題があった。第一に、思想史研究の自律性をめぐる問いである。丸山は講座派マルクス主義の影響を受けながらも、その方法的立場に向き合う中で、独自の思想史の方法論を編み出していく。講座派マルクス主義は、一九三〇年代前半の知識人層に新たな歴史の分析視角を提供した。それは、日本の資本主義をまさに「日本資本主義」として独特の構造を持つものと規定した。すなわち、地主・小作制度のような「封建的」、その意味において「前近代的」な要素の残存に着目し、明治維新をブルジョワ（市民）革命ではなく、天皇制絶対主義の確立と捉えたのである。丸山は学生時代に講座派マルクス主義の影響を受け、土台である経済の変化を歴史の変化の主要な要因とする見方とともに、日本資本主義並びに日本社会の特殊性の認識を受け継いだ。そのうえで、土台に対して上部構造をなす思想やイデオロギーの独自な役割と、その日本における特殊な表れ方に着目するのである。第二に、政治学の自律性をめぐる問いである。丸山は徳川思想史の読み直しを通じて、近代日本における主体的意識成立の萌芽を探求することから、日本においてあり得た近代の可能性を示すことを考える。ここには、近代的な思惟様式の内在的発展を描く普遍史的な発展段階論が前提とされていた。また、総力戦体制が挫折を強いられていき、政治が機能不全に陥る中で、丸山は新しいナショナリズム（国民主義）のあり方を構想することを試みる。それは、「政治的なもの」の内在的発展の可能性を描くという意味で、彼において抵抗の拠点を探るための思想的作業であった。

まず、丸山が思想史研究の対象として興味を持ったのは、江戸時代の儒学者・荻生徂徠である。徂徠への注目は、「近世儒学の発展における徂徠学の特質並にその国学との関連」と「近世日本政治思想における「自然」と「作為」――制度観の対立としての」にうかがうことができる。丸山は、思想の歴史が何らかの程度において経済的要因によって制約されることを前提としつつ、それ自体独自の発展を遂げるという見方をとる。また、思想史の分析において、江戸時代の個々の学者・思想家の思想をそれぞれ完結した体系として扱うのではなく、それらの上位概念として思惟様式という範疇を設定し、その変化を辿るという方法を採用する。ここで丸山が提示したのは、道徳規範と自然法則を連続させる朱子学的思惟様式の崩壊が、仁斎学・徂徠学・宣長学によって進行するという構図であった。彼は、思想がそれ自身の内部に持つ土台としての思惟様式に注目することから、「儒教の内部発展を通じて儒教思想自体が分解して行き、まさに全く異質的な要素を自己の中から芽ぐんで行く過程(8)」を明らかにすることを試みたのである。

その中で、丸山は徂徠学に近代的な思惟の成立、すなわち公/私の分裂、公的世界と私的世界の対抗的成立という「近代的なもの」の萌芽を読み取り、日本社会の「前近代性」を問題としつつも、それを克服する可能性を歴史上に辿る作業を進める。そして、近代的な思惟を、社会的秩序や文化を自由な人格の主体的制作物とする「作為」の論理の成立に見る。

かくて徂徠学における公私の分裂が日本儒教思想史の上にもつ意味はいまや漸く明かとなっ

た。われわれがこれまで辿って来た規範と自然の連続的構成の分解過程は、徂徠学に至って、規範（道）の公的＝政治的なものへまでの昇華によって、私的＝内面的生活の一切のリゴリズムよりの解放となって現われたのである。(9)

このように、丸山は徂徠の「公」を政治的領域、「私」を公から分離した個人の内面領域を指すとし、この公私の分裂に近代的思惟の成立を見た。後の戦後民主主義思想の担い手である戦後啓蒙派の知識人には、日本社会の「前近代性」を批判しつつ、個人の主体化を図る中から近代国家を立ち上げることはどのようにして可能かという関心が顕著であるが、丸山もまたその課題を共有していたのである。そこには、次のような方法的立場があった。

本稿は専ら儒教思想の主流をなした学派及ほぼ純粋な儒者のみを取り上げた。それは、儒教が封建社会の最も強力な意識形態であった限り、その外からの破壊ではなく、内部からの、いわば思われざる成果としての解体過程の分析こそ、近世日本の思想が単なる「空間的な持続」に非ざる所以、換言すればその発展性を最もよく証示すると考えたからである。(10)

この文章からは、丸山が一国史的な発展段階論を前提としていたことが分かる。すなわち、日本の近代には自生的発展を遂げる可能性があったことを明らかにし、その挫折のうちに現実の日本の近代化が進行したことを批判するというのが、彼の議論の筋道であった。

また、丸山の徂徠学への注目は、「政治的なもの」へのこだわりも意味している。彼は、「政治と倫理が如何に結合するかが問題になる為には、まず政治の固有法則性が見出されることが前提」であり、「政治が倫理と無造作に連続している間は、本来の意味の政治学の成立の余地はない」(11)という。そのうえで、徂徠学において、政治と倫理の峻別による「政治の発見」を見ようとする。

> 現在のわれわれにとっては、一切の規範的制約を排した歴史的事実そのものの独自的意義の承認の上に立ちつつ、如何にその実証性を失わずしてこれを価値に関係づけるかという事、並びに、あくまで政治の固有法則性の自覚を保有しつつ、その倫理との新たなる結合を如何に構成するかという問題だけが残されているのである。(12)

ここで、丸山が「政治的なもの」を発見するという営みには、どのような問題関心があったのであろうか。彼にとって、現実の大日本帝国の思惟様式は政治と倫理を連続させ、個人の内面に国家が土足で入り込んでくるようなものであった。それは、丸山が高等学校時代に、思いがけず国家権力により逮捕されて留置場に送られることで、自らも体験したことであった。そうした国家への抵抗の思想的拠り所として、彼は日本においてあり得た近代の可能性を探ろうとしたのである。そして、こうした問題関心は、その後の軍隊体験を挟んで、戦後の「超国家主義」論に受け継がれていく。

次に、「国民主義の「前期的」形成」を見てみよう。これは、先に述べた二本の論文とはトーンが異なり、あるべき近代化の方向を打ち出したものである。ここでは、明治以後のナショナリズム思想の発展を、それが国民主義の理論として形成されながらいかにして国家主義のそれに変貌していったか、という問題を扱っている。丸山はこの論文を、出征する日の朝まで執筆して、同僚に手渡したという。その冒頭は、次のような文章で始まっている。

国民とは国民たろうとするものである、といわれる。単に一つの国家的共同体に所属し、共通の政治的制度を上に戴いているという客観的事実は未だ以て近代的意味に於ける「国民」を成立せしめるには足らない。そこにあるのはたかだか人民乃至《ないし》は国家所属員であって

「国民」(nation)ではない。それが「国民」となるためには、そうした共属性が彼等自らによって積極的に意欲され、或は少くも望ましきものとして意識されていなければならぬ。換言すれば一定の集団の成員が他の国民と区別されたる特定の国民として相互の共通の特性を意識し、多少ともその一体性を守り立てて行こうとする意欲を持つ限りに於て、はじめてそこに「国民」の存在を語ることが出来るのである。[13]

ここでは、近代的な個人について、社会に積極的に働きかけ、社会の制度を大きく変革させる存在として捉えられ、そうした近代人像が肯定されている。そして、「国民主義こそは近代国家が近代国家として存立して行くため不可欠の精神的推進力である」[14]と述べられる。

こうした議論は、その前年に発表された「福沢に於ける秩序と人間」にも見ることができる。この論文は、丸山が近代的＝市民的な思惟様式を体現した思想家として終生語り続けることになる、福沢諭吉に関する議論の骨格を示すものである。すなわち、「国家を個人の内面的自由に媒介せしめたこと——福沢諭吉という一個の人間が日本思想史に出現したことの意味はかかって此処にあるとすらいえる」[15]としたうえで、次のように述べている。

国民一人々々が国家をまさに己れのものとして身近に感触し、国家の動向をば自己自身の運命として意識する如き国家に非ずんば、如何にして苛烈なる国際場裡に確固たる独立性を保持しえようか。若し日本が近代国家として正常な発展をすべきならば、これまで政治的秩序に対して単なる受動的服従以上のことを知らなかった国民大衆に対し、国家構成員としての主体的能動的地位を自覚せしめ、それによって、国家的政治的なるものを外的環境から個人の内面的意識の裡にとり込むという巨大な任務が、指導的思想家の何人かによって遂行されねばならぬわけである。福沢は驚くべき旺盛な闘志を以て、この未曽有の問題に立ち向った第一人者であった。(16)

こうした国民主義論や福沢論が、総力戦体制下で書かれたことを、どのように理解すれば良いのであろうか。その頃、戦局は悪化の一途を辿っており、その影響は丸山個人にも降り注いでいた。当該期の丸山において、大日本帝国はまさに近代国家としての非正常な発展を遂げたという意味で、国民が国家の動向を自己自身の運命として意識するものではなかった。にもかかわらず、現実の日本国家は国民を戦争に駆り立てている。その矛盾に突き当たる中で、丸山は明治期の福沢に自らの思想的課題を重ね合わせる形で、新たなナショナリズム（国民主義）を構想したのである。

　こうした近代の擁護に関して、戦後『日本政治思想史研究』を刊行する際に付した「あとがき」の中で、丸山は戦中に発表された論文について、徳川時代の思想史における近代的なものを探求するという立場には、「近代の超克」論に対抗する意味合いが込められていたと述べている。

> 近代の「超克」や「否定」が声高く叫ばれたなかで、明治維新の近代的側面、ひいては徳川社会における近代的要素の成熟に着目することは私だけでなく、およそファシズム的歴史学に対する強い抵抗感を意識した人々にとっていわば必死の拠点であったことも否定できぬ事実である。(17)

「近代の超克」とは、戦時期の知識人・ジャーナリストたちの合言葉のようなものであり、近代世界の没落・終焉という歴史認識のもとに、近代思想の克服・乗り越えを唱える議論であった。それは、シンポジウム「近代の超克」（『文學界』一九四二年九・一〇月号）、座談会「世界史的立場と日本」（『中央公論』一九四二年一・四月号、四三年一月号）において脚光を浴びた。それらの議論の方向性は、「大東亜戦争」遂行のうちに、日本が西洋近代を乗り越える可能性を見出し、時局に積極的にコミットしようというものであった。

シンポジウム「近代の超克」は、『文學界』同人、日本浪曼派、京都学派の三つのグループからなり、河上徹太郎・小林秀雄など一三名の知識人により開かれた。そこには、西洋近代の影響を強く受ける中で、劣等感にさいなまれてきた日本の知識人が、対米英戦争開戦に際して、高揚感を隠し切れずにいる様を見て取ることができる。また、座談会「世界史的立場と日本」は哲学者・西田幾多郎門下の京都学派のみにより構成され（哲学者・高山岩男、高坂正顕、西谷啓治、歴史学者・鈴木成高）、とりわけ高山岩男の唱える「世界史の哲学」を軸として議論が展開された。それは、西洋近代主義の打破と世界史の多元性を唱えて、日本の「世界史的使命」を訴えるものであった。そうした状況の中で、丸山は南原の指導に従い、「とくに時局的な学問対象であった日本思想史に対しておよそ非時局的なアプローチをすること」[18]から、日本近代への分析を進めたのである。

ただ、それ以前から、丸山は京都学派の議論に対して、ある種の危うさを感じていたようである。たとえば、同じく京都学派に属する哲学者・務台理作の『社会存在論』への書評の中で、次のように述べている。「哲学畑の人の社会的＝政治的関心の傾向はこよなく喜ばしい。哲学が純粋思惟に閉じこもり、社会科学が卑俗な「実証化」をたどることほど不幸な事態はありえないからである。ただその場合哲学者は社会科学の成果を出来るだけ顧慮することが望ましい。さもないと純粋論理が一足とびに現実と抱合し、「存在するものの合理化」に終る懼れなしとしないのである」[19]。こうした疑念が、「近代の超克」論や「世界史の哲学」に対する批判の中に込められていたものと推察される。

三　アジアへの眼差し

本節では、前節で述べた丸山の日本の政治思想史への視角が、他方においてアジアとの関係をどのように捉えるものであったのか、という点について考察を試みたい。彼が思想史の研究に取り組んだ時代は、日中戦争からアジア・太平洋戦争に至る、アジア侵略の時代と重なっているからである。

先程も述べたように、丸山は近代的な思惟様式の内在的発展を描く普遍史的な発展段階論を前提としていた。「近世儒教の発展における徂徠学の特質並にその国学との関連」では、ヘーゲルの『歴史哲学緒論』を引用して、「持続の帝国」としての「シナ歴史の停滞性」を確認することから議論が始まっている。こうした中国社会の「停滞性」とは対照的に、日本では近代的＝市民的な思惟様式が展開するというのが、彼の議論の筋道であった。そのうえで、「最近世において国際的圧力がシナ社会に漸く近代的＝市民的なるものを滲透せしめたとき、儒教ははじめて三民主義という自己と全く系統を異にする社会思想に直面したのである[20]」と注釈が付けられる。ここでは、中国の思想的停滞を打ち破る可能性として、孫文の三民主義が引かれていることに注目する必要がある。

戦中の丸山におけるアジアへの眼差しをうかがい知れる資料は少ないが、書評「高橋勇治『孫文』」は貴重な文章である。「近世儒教の発展における徂徠学の特質並にその国学との関連」では、一般的な関心にとどまっていた孫文への理解は、この書評において格段に深化している[21]。その中で、丸山は高橋の著作の意義を認めながらも、三民主義の把握が静的な思想体系に対するものにとどまっていると批判する。そのうえで、孫文の「三民主義が何故に支那思想史上、国民大衆の内面的意識に支持された唯一つのイデオロギーとなりえたか、何故今日に於て国民政府も重慶政権も、延安政権も競って自己の正統性を孫文とその三民主義の忠実な継承者たる点に根拠づけようとするのか[22]」という問題を提起している。そして、それは「我々日本国民が主体的に取上げるべき問題」であり、「そのためにはもっと三民主義をその内側から、内面的に把握せねばならぬ」と述べるのである。[23] ここには、中国の抗日戦争の持つ意味を、この時期の丸山が認識し直した様を見て取ることができるであろう。

丸山は後に、敗戦の頃、孫文について勉強していたと回顧している。そこには、外務省調査部訳の『孫文全集』全七巻（第一公論社、一九三九―四〇年）が刊行されるなど、時局柄、国民党系の政治思想史関係の書物が出版されたという事情もある。そして、「孫文には感心した。ナショナリズムとデモクラシーの結合は孫文から学びました。左翼文献の勉強からはナショナリズムの契機は出てこないのです[24]」と述懐している。それは、中国の近代も自生的発展を遂げる可能性があることを認識した点において、それまでの彼が前提としていた「アジア停滞論」を見直すきっかけになるものであったかもしれない。ただ、戦中の丸山には、帝国日本のアジアへの膨張がアジアのナショナリズムとどのような形で折り合うのか、という問題関心は希薄であった。その意味において、彼が「東亜新秩序」構想を批判するような視座を打ち出すことはできなかった。

戦後、丸山は『日本政治思想史研究』の「あとがき」の中で、戦中・戦後の自らの仕事に共通する主題について、「封建社会における正統的な世界像がどのように内面的に崩壊して行ったかという課題」とし、「この課題の解明を通じて私は広くは日本社会の、狭くは日本思想の近代化の型《パターン》、それが一方西欧に対し、他方アジア諸国に対してもつ特質、を究明しようと思った」と述べる。(25)そのうえで、そうした問題関心にはらまれた最大の欠陥について、「中国の停滞性に対する日本の相対的進歩性という見地であろう」(26)と自己批判する。戦中の丸山には、「福沢に於ける秩序と人間」や「国民主義の「前期的」形成」にも見られるように、「持続の帝国」たる中国に対置させて、日本社会に近代のエートスを読み込む姿勢が顕著である。そうした歴史的視座が変更を迫られるのは、アジアにおいてナショナリズム運動が高まる一九五〇年前後のことである。

また、丸山が帝国日本の植民地支配をどのように考えていたのかという問題については、確かな記録が残されていない。そもそも、彼の国民主義論には、植民地における政治的主体の立ち上げという問題関心が存在しなかった。ただ、戦後、植民統治に関して、次のように発言している。

ぼくはよく言うのだけれど、ナポレオンは確かにフランス革命を裏切って侵略をした。だけど、ナポレオン法典が残って、いわゆるブルジョア民法の基礎となっている、日本も含めて。日本やドイツの新秩序というのは、何物も残さないで壊滅している。それはやっぱりナポレオン的帝国主義とナチや日本の帝国主義ないし軍国主義との違いではないか。蘭印とか東南アジアから西欧帝国主義を駆逐したと言うけれど、それは結果論ですね。東条が大東亜会議を招集して〔一九四三年一一月五・六日〕、ラウレルやバー・モウがフィリピン・ビルマから来、チャンドラ・ボースも出席します。むこうは日本を利用して、ヨーロッパ帝国主義からの解放を図ったことも事実です。けれども、大東亜会議で、朝鮮ないし台湾について全然問題にしていないのです。反帝国主義という意味は全く認められない。原理的な意味はない。要するに、欧米をアジアから追っ払うという意図はあったでしょうが、それをもって解放的とは言いえないと思うのです。もし本当にそういう進歩的な側面があったら、朝鮮の、独立ではなくても自治ぐらいの話は出ていたはずです。ぼくの親父〔丸山幹治〕は、アイルランド問題と比較して、しょっちゅう言っていました。朝鮮問題はアイルランドと同じように、非常に厄介な問題になると。『京城日報』にいたせいもありますけれど、朝鮮の問題をやかましく言っていました。朝鮮の解放を一言も言わない世界新秩序は、ぼくはおかしいと思うのです。(27)

ここで言われる「朝鮮の解放」が、具体的に独立を指すのか自治を指すのか明確ではない。父・幹治が『京城日報』にいた一九二〇年代には、日本において政治学者・吉野作造や植民政策学者・矢内原忠雄などが、民族自決を承認する立場から帝国主義批判を展開していた。彼らの植民地論は、植民地の政治的独立を主目的とする議論ではなかったが、その主張には、従来の同化主義政策を否定しながら、植民地の自立要求に応えて自治を承認することで、本国と植民地の提携を模索し、帝国秩序を再編するという議論の方向性を見て取ることができる。(28) それらの議論を、丸山がどのように受け止めていたのかは定かではない。

しかし、それよりも気になるのは、ここで言われる「朝鮮の解放」が「大東亜会議」当時の丸山によって想起されていたのかどうか、という点が曖昧にされていることである。この発言が載った『丸山眞男回顧談』は、とりわけ戦時期の驚くほど明瞭な記憶が印象的であるが、植民地問題についての発言には、戦後の事後的な色合いが目立つことにおいて、逆にそうした問題への丸山の無関心が浮き彫りになっているように思われる。おそらく、戦中の丸山は植民地帝国の枠内でものを考えていたはずである。そのことへの言及がないままに、「朝鮮の解放」を言うことは、やはり筋が通らないという印象を与える。

四　従軍体験・原爆体験

一九四四年、丸山は軍隊に召集を受け、二等兵として朝鮮へと渡った。東大助教授として召集されたのは、彼ただ一人である。最下級の一兵卒として入隊した丸山は、そこで言葉だけではなく、平手で、靴で殴打されるなど、日常的に暴力にさらされたという。彼にとって、それは屈辱的な体験だったのであろう。丸山は朝鮮にいた頃のことについて、ほとんど語っていない。朝鮮に配属されて一、二カ月すると、脚気のため入院、内地送還され、やがて除隊となった。幹部候補生に志願するという選択肢もあったが、それを選んでいない。その理由について、南原門下の政治学者・福田歓一は、「軍隊に加わったのは自己の意思ではないことを明らかにしたい」[29]ために将校に志願しなかったという丸山の言葉を伝えている。日本に戻った丸山は、南原のもとを訪れ、終戦工作についての話を聞いたという。四五年、南原は東大法学部部長に就任し、高木八尺・田中耕太郎ら同僚六教授に呼びかけて、重臣グループを説得する工作を行った。

丸山は後に、陸軍には「擬似デモクラティックな要素」があったと語っているが、「それは軍隊の階級というのは、社会上の階級とは全く別である」という意味である。[30]軍隊で丸山は、学歴において劣る一等兵が、大学を出た二等兵に劣等意識を感じるがゆえに、いじめるという環境を体験した。彼はその体験を、かつての留置場での経験と並んで、「異質なもの」とぶつかる場であったという。[31]この従軍体験は短期間であったため、丸山が兵士として軍隊の規律に染まるものではなかったのであろう。それゆえ、彼が軍隊を、その外側から「観察」するという立場を失うことはなかった。

一九四五年三月、再召集された丸山は、初め広島宇品の暁部隊の船舶通信連隊暗号教育隊に配属され、その後陸軍船舶司令部参謀部情報班に転属になる。そこでの任務は、短波放送の傍受による国際情報の収集であった（その仕事の内容は、丸山の死後、『丸山眞男戦中備忘録』日本図書センター、一九九七年、として刊行された）。八月六日、丸山は宇品で被爆する。爆心地から四キロ以上離れていたため、一命を取り留めた。そして、ここで、敗戦を迎えた。八月一五日、天皇の詔勅をラジオで聞く。復員したのはそれから約一ヶ月後、九月一四日のことであった。以上のような従軍体験は、戦後発表される「超国家主義の論理と心理」を始めとする「日本ファシズム」批判の中で生かされることになる。それについては、第二章で述べるとして、ここでは丸山の原爆体験を取り上げ、それが彼の生涯にどのような意味を持ったのかという問題について検討しておきたい。

丸山は原爆体験について、鶴見俊輔との対談の中で、軍隊体験など自己の戦争体験の思想化を試みてきたものの、「そのなかでどう考えても欠落しているのは原爆体験の思想化」であり、「原爆体験というものを、わたしが自分の思想を練りあげる材料にしてきたかというと、してないです」と述べている。[32] この発言にも表れているように、戦後一貫して、丸山はこの体験を語ることに抑制的な姿勢を取り続けた。さらに、原爆体験をめぐる発言のうち、最も早いものの中で、彼は次のような言葉を残している。「紙一重の差で、生き残った私は、紙一重の差で死んでいった戦友に対して、いったいなにをしたらいいのか」[33]。ここには、丸山において、戦中と戦後が切断されない形で語り出されていることを見て取ることができるであろう。

また、鶴見との対談の中で、戦後の自らの平和運動への取り組みは、平和問題談話会のために書かれた「三たび平和について」(一九五〇年)にも見られるが、その内容について、「わたしが広島で原爆にあい、放射能も浴びたという体験とは結びつかない」[34]と述べている。すなわち、ここでは平和共存論の理論的基礎付けをする際に、原子爆弾の出現が戦争形態を変え、それによってどのような大義名分のある戦争でも、現在の戦争では手段の方が肥大化し、目的に逆作用する可能性が強くなったことを指摘しているものの、それは一つのグローバルな「抽象的」観察に過ぎないというのである。

丸山は「二十四年目に語る被爆体験」（一九六九年八月三日に行われたインタヴュー）の中で、「私は広島で生活していた人間というよりも、至近距離にいた傍観者」であると断ったうえで、戦後あれだけ戦争について論じておきながら、原爆ということの持つ重たさというものを論じなかったことについて、次のようなやり取りを残している。

――今は、どのようにお考えですか。被爆体験が、思想形成に意味あるものになっていますか。

丸山　これぱっかりは、もう無理に意味をでっちあげてもしようがないことで、やっぱり自分の中にずーっと、こう……発酵させていく。たまっていくものを発酵させる以外に、本当のものは出てきませんからね。もう少し記憶を、その当時の人、戦友なんかと会って、話し合えたら「ああ、そうだったな、そうだったな」ということで、もっと思い出すこともあると思うのですけれどもね。(35)

丸山は、自らが原爆体験を意識するようになったのは、ビキニ事件（一九五四年）以降であるという。このインタヴューの中でも、どうして原爆の意味というものをもっと考えなかったのかについて考えをめぐらせているが、やはり納得のいく答えは見つからなかったようである。そして、彼は原爆体験について、それが「戦争の惨禍の単なる一ページではない」ことを強調して、「まだ今日でも新たに原爆症の患者が生まれて、また長期の患者とか、あるいは二世の被爆者が今日でも白血病で死んでいるという、現実ですね。戦争は二四年前ですけどね（その「現実」は今も続いている）」と述べるのである。[36] ここには、「傍観者」というよりも、「当事者」としての恐怖が、言葉にならない形で丸山の身体に沈殿していたことを見て取れるであろう。

このインタヴューが、当時肝炎のために国立癌センターに入院中であった丸山から取られたものであることにも、留意する必要がある。一九五〇年代に、彼は結核を患い、療養所を入退院する生活を繰り返していたが、インタヴューが取られた環境は、否応なく自らの病と被爆の接点を自覚させたのではないか。丸山は、戦前から戦後にかけて「三つの「真空地帯」を個人的に経験した」と語っているが、その三つとは、戦前の留置場経験、戦中の軍隊内務班での経験、それに戦後の結核療養所経験である。[37]

丸山が除隊後、初めて広島を訪れたのは、一九七七年五月のことであり、敗戦から三二年の歳月が経過していた。彼の広島訪問は、広島大学平和科学研究センターの研究会での話を依頼されたことをきっかけにしている。この話の内容は、主に戦後の平和問題談話会への関わりについてであるが、冒頭で原爆体験に言及している。丸山は自らの老いを意識するようになったからこそ、このような依頼を引き受けたと語りながら、次のように言葉をつないでいる。

〝何故来なかったか〟と言われても、私には答えようがありません。自分でも分かりません。機会はいくらでもあったにもかかわらず、何故広島に来なかったのか。正直なところ本当に分からないのです。廃墟から立ち直った広島――立ち直ったどころか、日本の高度の経済成長を象徴するかのように繁栄しております広島――を見ることに対する恐れ、それから〝見たい〟という気持ちとが、何か自分の心の中でいつもせめぎ合っていたというより他ありません。それ以上はほとんど言葉になりません。何故三十二年間、来なかったか。今日ここに参ります前に、私は原爆ドームと原爆資料館を訪れました[38]。

このように切り出された後、平和問題談話会への関わりについては、やはり原爆体験と切り離された形でしか提示されなかった。そのことは、丸山における問題の深刻さを物語っているように思われる。

丸山は、広島在住のある読者が書簡で、「先生の政治思想史への関わり方のなかで、原爆は無縁のものだったのでしょうか[39]」と問い掛けたのに対して、次のような、幾分感情的な返事を出している。

小生は「体験」をストレートに出したり、ふりまわすような日本的風土（ナルシシズム！）が大きらいです。原爆体験が重ければ重いほどそうです。もし私の文章からその意識的抑制を感じとっていただけなければ、あなたにとって縁なき衆生とおぼしめし下さい。なお、私だけでなく、被爆者は、ヒロシマを訪れることさえ避けます。私は三年前、勇をこして広島大学の平和研究所に被爆後はじめて訪れ、原爆と平和の話をしました。しかし被爆者ヅラをするのがいやで、今もって原爆手帳の交付も申請していません[40]。

これらの文章から想像するに、戦後日本における様々な原爆の語りが、一層丸山の口を重くしたようである。また、スザンヌ・H・ヴォーゲルは丸山の発言に関わり、彼との直接の対話を踏まえたうえで、「先生は「被爆者」の資格を請求できたのであろうが、そうすることを「恥じ」た。それは、はるかに深い傷を負わされた多くの人々の存在に対してである[41]」と推察している。

丸山には、生活者としてではなく、兵士として広島にいたことが、強く意識されているのではないか。そして、原爆体験については、それが過去の出来事ではなく、まさしく現在の問題であるがゆえに、彼には思想化が困難であった。

先程引用した鶴見との対談の中で、丸山が原爆体験の思想化に取り組まなかったと発言したことについて、石田雄は、「丸山の謙遜な発言をそのままうけとることは危険である」と述べている。そして、「「思想化」は無限の過程としてみるべき」であり、「丸山における思想化の過程を示す指標として「三たび平和について」（一九五〇年）と「憲法第九条をめぐる若干の考察」（一九六五年）とを」挙げている。[42] 確かに、そのような側面もあるであろう。しかし、戦後の丸山が、日本の「超国家主義」やファシズムを批判する際に、自らの戦争体験に裏付けられた議論を展開した一方で、原爆体験の思想化に踏み込むことがなかったという落差には、見過ごすことのできない問題があるように思われる。言い換えるなら、丸山において、原爆体験は戦前と戦後を断絶させて考えることのできない問題であるがゆえに、その体験を語るという自己表現のあり方を抑制し、その思想化を意識的に拒み続けたのではないか。

丸山から発言を引き出した鶴見は、石田とは異なる見解を持っているようである。丸山の死後、彼の原爆体験と思考方法そのものの関連について、次のように述べている。

私にとって、批評は、自己破壊機（セルフ・ディフィーティング・マシーン）だった。丸山さんに向けた批評もそのようなものとして終始したが、ただひとつ残っているのは、丸山眞男の方法によっては、みずからがくぐりぬけた原爆を位置づけることはむずかしかったのではないか、ということだ。丸山の方法は、ヨーロッパ思想の型を守っており、ヨーロッパ思想の崩れる彼方にあるものを、学問のヴィジョンとしてもっていない。動物と人間を混同しないという自戒もそこからくる。人間はいつか畜生道まで高まって、同種の間の殲滅戦（アナイレーション）をまぬかれるというヴィジョンを、丸山が原爆投下の犠牲者であるにもかかわらず、戦後の活動の中で持たなかった。これは自己破壊的な言いかたになるが、私の無意識に根ざす方法である。丸山眞男の方法は、（キリスト教の）神を想定したほうが自分の論理としては整然とする、というところがありはしないか。私には、原爆投下は、その神の自殺のように思える。(43)

この指摘は、丸山の原爆体験を、彼の思考方法に結び付けて考える点において興味深い。とりわけ、「丸山の方法は、ヨーロッパ思想の型を守っており、ヨーロッパ思想の崩れる彼方にあるものを、学問のヴィジョンとしてもっていない」という文章は、戦後の丸山が戦争体験を思想化することにより、日本の近代化を批判した方法そのものに対する鋭い考察となっている。鶴見は直接丸山と向き合う中で、丸山の苦悩の意味を読み取ったのであろう。この問題は、第二章以降で検討する、戦後の丸山の思想的作業の特質を明らかにする意味でも重要である。

◇注

（1）丸山眞男『自己内対話――3冊のノートから』みすず書房、一九九八年、一八〇頁。
（2）同前、一八一頁。
（3）同前、一七六頁。
（4）同前、一七七頁。
（5）同前、一七六頁。
（6）「如是閑さんと父と私――丸山眞男先生を囲む座談会」長谷川如是閑著作目録編集委員会編『長谷川如是閑――人・時代・思想と著作目録』中央大学、一九八五年（『丸山集』第一六巻、一二七―一二九頁）。
（7）この点については、丸山眞男「ある日の津田博士と私」『図書』一九六三年一〇月号（『丸山集』第九巻）を参照。
（8）丸山眞男「近世儒教の発展における徂徠学の特質並にその国学との関連」『国家学会雑誌』第五

四巻第二・三・四・五号、一九四〇年二・三・四・五月（『丸山集』第一巻、一三七頁）。
(9) 同前、二二九頁。
(10) 同前、三〇〇―三〇一頁。
(11) 同前、二一三頁。
(12) 同前、三〇五頁。
(13) 丸山眞男「国民主義の「前期的」形成」『国家学会雑誌』第五八巻第三・四号、一九四四年三・四月（『丸山集』第二巻、二二七頁）。
(14) 同前、二二八頁。
(15) 丸山眞男「福沢に於ける秩序と人間」『三田新聞』一九四三年一一月二五日号（『丸山集』第二巻、二一九―二二〇頁）。
(16) 同前、二二〇頁。
(17) 丸山眞男「『日本政治思想史研究』あとがき」丸山眞男『日本政治思想史研究』東京大学出版会、一九五二年（『丸山集』第五巻、二九〇頁）。
(18) 同前、二九三頁。
(19) 丸山眞男「務台理作『社会存在論』」『国家学会雑誌』第五三巻第九号、一九三九年九月（『丸山集』第一巻、一一七頁）。
(20) 丸山眞男「近世儒教の発展における徂徠学の特質並にその国学との関連」一三〇頁。
(21) 田中和男「丸山真男における中国」（『龍谷大学国際センター研究年報』第一三号、二〇〇四年）は、丸山の「高橋勇治『孫文』」に「三民主義研究の必要性への熱意が感じられる」（一五九頁）として、中国の近代への関心の高まりを指摘している。
(22) 丸山眞男「高橋勇治『孫文』」『東洋文化研究』に寄稿（未公刊）、一九四四年四月（『丸山集』第二巻、二七一頁）。
(23) 同前、二七一頁。
(24) 松沢弘陽・植手通有編『丸山眞男回顧談』下、岩波書店、二〇〇六年、一七〇頁。
(25) 丸山眞男「『日本政治思想史研究』あとがき」二八七頁。
(26) 同前、二八九頁。
(27) 松沢弘陽・植手通有編『丸山眞男回顧談』上、岩波書店、二〇〇六年、一九七頁。
(28) 吉野作造の植民地論については、平野敬和「吉野作造の帝国主義批判と植民地論」（同志社大学人文科学研究所『社会科学』第四二巻第一号、二〇一二年五月）において、詳しく論じている。
(29) 福田歓一『丸山眞男とその時代』岩波書店、二〇〇〇年、二九頁。
(30) 飯塚浩二・豊﨑昌二・丸山眞男「日本の思想における軍隊の役割」『思想の科学』第一号、一九四九年一〇月（『丸山座談』第一冊、二六〇頁）。
(31) 西尾勝・野島幹郎・丸山眞男・森馨一郎「丸山先生を囲んで」『60』第四号、一九六六年一〇月（『丸山座談』第七冊、六三頁）。
(32) 鶴見俊輔・丸山眞男「普遍的原理の立場」『思想の科学』一九六七年五月号（『丸山座談』第七冊、一〇七頁）。
(33) 丸山眞男「二十世紀最大のパラドックス」『世界』一九六五年一〇月号（『丸山集』第九巻、

二八九頁)。
(34)鶴見俊輔・丸山眞男「普遍的原理の立場」一〇七頁。
(35)丸山眞男「二十四年目に語る被爆体験」『丸山眞男手帖』第六号、一九九八年七月、一八頁。
(36)同前、一九頁。
(37)丸山眞男「中野療養所雑感」『中野の会文集』一九八六年秋(『丸山集』第一二巻、二九八頁)。
(38)丸山眞男「一九五〇年前後の平和問題」『丸山眞男手帖』第四号、一九九八年一月、二頁。
(39)「藤高道也書簡」『丸山眞男手帖』第六号、三一頁。
(40)「一九八三年七月一一日丸山眞男書簡」『丸山眞男書簡集』第三巻、みすず書房、二〇〇四年、一五八頁。
(41)スザンヌ・H・ヴォーゲル「丸山先生との夕べ」「みすず」編集部編『丸山眞男の世界』みすず書房、一九九七年、一〇九頁。
(42)石田雄『丸山眞男との対話』みすず書房、二〇〇五年、一四六頁。
(43)鶴見俊輔「解説——丸山眞男おぼえがき」丸山眞男『自由について——七つの問答』編集グループ〈SURE〉、二〇〇五年、二六三頁。

第二章　丸山眞男の「日本ファシズム」批判

一　戦後の近代主義と民主主義

戦後日本の人文科学・社会科学では、マルクス主義と近代主義が相互補完的に批判的知の枠組みを規定してきた。丸山は戦前からマルクス主義に接し、また戦後は近代主義の担い手として、近代日本のナショナリズム、民主主義、ファシズム、天皇制に関する批判的分析を行うとともに、同時代の政治状況に対する発言や実践を通じて、日本の社会科学と戦後民主主義思想に多大な影響を与えた。そこで、本節では、近代主義と民主主義の思想潮流を概観して、丸山の置かれた言論空間を明らかにする。(1)

始めに、戦後の近代主義をめぐる議論を見てみたい。戦後の近代主義とは何かを考えるにあたって、まずこの分野のアンソロジーである日高六郎編『現代日本思想大系』第三四巻・近代主義（筑摩書房、一九六四年）を参照してみよう。ここには、日高の「解説　戦後の「近代主義」」に続いて、丸山眞男・大塚久雄・清水幾太郎・桑原武夫・川島武宜・加藤周一・都留重人による代表的な文章が収録されている。また、近代主義を取り巻く言論状況を知るための資料として、清水幾太郎・松村一人・林健太郎・古在由重・丸山眞男・眞下信一・宮城音弥による座談会「唯物史観と主体性」、安倍能成ほか五四名による「戦争と平和に関する日本の科学者の声明」、平和問題談話会による「講和問題についての平和問題談話会声明」が収められている。ここに、荒正人・本多秋五・平野謙らの『近代文学』同人を加えるなら、近代主義者は、主に領域的には文学・社会科学に属し、また時期的には敗戦から一九六〇年頃に活躍したことが分かるであろう。

日高も指摘しているように、「近代主義」の呼称は外から与えられたものである。近代主義者には、マルクス主義者、社会民主主義者、自由主義者、実存主義者、プラグマティストとそれぞれ自称する人たちが含まれている。それらの「主義」は、ある程度一貫した体系性を持っている。しかし、「近代主義」は近代主義的傾向なるものを批判しようとする論者によって使用された言葉であり、そうした思想的一貫性があるわけではない。にもかかわらず、近代主義者には一定の思想傾向があることも確かである。彼らが共通に持つのは、日本の近代化とその性格そのものに対する関心である。それは制度的変革としての近代化だけではなく、その変革を担う主体としての、いわゆる近代的人間確立の問題に対する関心であると言えよう。たとえば、大塚久雄「近代的人間類型の創出——政治的主体の民衆的基礎の問題」(東京大学『大学新聞』一九四六年四月一一日号)は、戦後の近代化と民主化を根底で支えるエートス(倫理的人間類型)の再建を求めるものであり、そこには「近代的人間類型」を持った市民社会の担い手としての「市民」が想定されていた。

また、近代主義には普遍的価値としての近代への強い志向性が存在していたことを指摘できる。それは、近代日本の社会関係を機制している封建性と天皇制に集約される専制的支配の克服を目指すものであり、そこには非近代的、非合理的な国家構造のままに戦争を遂行した日本社会への批判的視線を見て取ることができる。その意味において、近代主義には講座派マルクス主義の方法論を批判的に継承した面があり、マルクス主義とは相互補完的に戦後の思想界を牽引した。丸山の「超国家主義」論や「日本ファシズム」研究にも、そうした志向性を見て取ることができる。すなわち、彼は日本を無謀な戦争にまで駆り立てた原因について、経済的要因だけではなく、政治的行動様式の次元からも明らかにするべきであると考え、「日本ファシズム」の思想と行動についても、精神構造の次元に深く規定されていることを強調した。この点が、従来の歴史研究にはない斬新さと受け止められたのである。

近代主義に対する最も早い時期の批判は、哲学の領域における、マルクス主義者によるものである。日本共産党機関紙『前衛』誌上の特集「近代主義の批判」（一九四八年八月号）では、蔵原惟人が近代主義を、「「西欧近代」という「具体的な歴史的近代」を絶対化し美化するもの」として批判した。これに先立ち、『世界』一九四八年二月号に、座談会「唯物史観と主体性」が掲載されたが、それを契機として「主体性論争」が注目された。『前衛』の特集は、マルクス主義者が近代主義をブルジョワ的であるとしてイデオロギー批判した「主体性論争」に対する見解を示したものである。また、歴史学の領域でも、マルクス主義の方法論が強く意識されるにしたがって、エートスや近代的思惟といった「観念論」的要素を排して、下部構造としての経済過程に力点が置かれるようになる。近代主義に対する批判は「大衆社会論争」ともあいまって、一九六〇年代以降にも展開されたが、それについては、近代主義を含む戦後民主主義への批判を検討する際に言及することにしよう。

次に、戦後の民主主義をめぐる議論を見てみたい。戦後日本において展開した民主主義的な思想・運動は、その制度的基盤を占領軍という外からの力に依存していた。にもかかわらず、東京裁判、公職追放、憲法及び法律の改廃、教育の改革など、占領軍に主導された民主化の流れは、広く戦後社会に受け入れられたのである。日本国憲法はその象徴であり、国民主権・基本的人権の尊重・戦争放棄などを柱としている。しかし、憲法によって体制化された民主主義の理念は、一九五〇年代に入ると、朝鮮戦争を経た東アジア冷戦体制の確立により逆行を余儀なくされた。占領軍は日本を反共の砦にするための政策転換を行い、そうした方向性は独立後も反共的民主主義を構築する目的において引き継がれたのである。このように、冷戦や逆コースとの対抗関係から明確になった政治社会の対立軸の中で、憲法を後ろ盾に平和と民主主義を求める運動を展開したのが、戦後民主主義の論客である。

そこには、丸山に加えて、羽仁五郎・井上清・遠山茂樹・中野重治・大塚久雄・清水幾太郎・竹内好・桑原武夫・川島武宜・加藤周一・都留重人・久野収・鶴見俊輔らが含まれるが、その多くはマルクス主義と近代主義に属している。彼らは、雑誌『中央公論』、『改造』、『世界』、『思想の科学』などを舞台にして、言論活動を展開した。その中でも、丸山の「超国家主義の論理と心理」は戦後の民主主義の方向性を示すものとして注目された。彼はこの中で、日本の「超国家主義」＝ファシズムを明治以来の天皇制国家原理そのものの特質と捉え、その解体こそが戦後の民主主義革命の目的だと考えたのである。

ここで注意しなければならないのは、「戦後民主主義」という呼称は一九六〇年前後に表れたものだということである。六〇年安保を経て、革新勢力が分裂する中で、「戦後民主主義」という言葉が一般に流布するとともに、左右からそれへの攻撃がなされた。その中身は、戦後民主主義を「占領民主主義」の名において一括して「虚妄」とする保守的なものから、評論家・吉本隆明とその思想的影響を受けた新左翼によるものまで、多種多様である。「戦後民主主義」とは、六〇年前後において、それ以前の思想状況を表現するために使用された言葉であり、その言葉の流布は、戦後の平和と民主主義への疑念の表明であった。[2]

以上のような思想潮流を踏まえたうえで、本章では、占領下において、丸山がどのような言論活動を展開したのか、という問題を検討する。彼の思想の中で最も注目された「日本ファシズム」に関する研究を中心に、今日でもよく読まれる研究成果について、その特徴を明らかにする。それらは、丸山において、いずれも戦中からの継続の試みであった。ここでは、第一に、敗戦直後の丸山の問題関心を辿ってみたい。第二に、「超国家主義の論理と心理」を始めとする、占領下での研究成果の思想的意義を分析する。第三に、丸山の天皇制に関する認識の変化を追うことから、彼における戦前と戦後の断絶の問題に迫ることにしたい。

二　敗戦直後の丸山眞男

敗戦によって、日本の政治・社会状況は一変した。敗戦直後の虚脱感と解放感の中で、民主化の動きが前進することになった。しかし、復員後の丸山は、「猫もしゃくしも民主革命といってワァワァいう気分に反感」を持ち、「八月十五日直後の解き放されたような自由感」から一転して、「反時代的」な気分に陥っていった。それが、その年いっぱいくらい続くのであり、敗戦後、最初に発表した「近代的思惟」には、その気分がのぞいているという。丸山には、占領軍によってもたらされたデモクラシーが、「至上命令として教典化される危険が多分に存する」と映ったのであり、「それはやがて恐るべき反動を準備する」ように思われた(3)。

丸山は後に、「近代日本の知識人」の中で、敗戦直後には知識人の間で、戦時期の自己の行動に対する悔恨が共有されていたとして、次のように述べている。

戦争直後の知識人に共通して流れていた感情は、それぞれの立場における、またそれぞれの領域における「自己批判」です。一体、知識人としてのこれまでのあり方はあれでよかったのだろうか。何か過去の根本的な反省に立った新らしい出直しが必要なのではないのか、という共通の感情が焦土の上にひろがりました(4)。

そして、そうした感情を基礎として、とりわけ若い知識人が民衆に対する啓蒙活動を展開したのである。丸山もまた、一九四五年一〇月に政治学者・中村哲らと青年文化会議を結成したり、同年末に東大法学部資料整備室に勤務する木部達二が疎開先の三島で開いた庶民大学に講師として参加したりしている。また、鶴見和子・鶴見俊輔らを中心に立ち上げられた思想の科学研究会や、二十世紀研究所（所長・清水幾太郎）にも加わった。

先程も述べたように、敗戦後、丸山が最初に発表したのは、「近代的思惟」と題された短い文章である。この論説は、青年文化会議の機関誌の第一号に寄稿したものである。その冒頭で、「私はこれまでも私の学問的関心の最も切実な対象であったところの、日本に於ける近代的思惟の成熟過程の究明に愈々腰をすえて取り組んで行きたいと考える。従って客観的情勢の激変にも拘わらず私の問題意識にはなんら変化がない[5]」と述べている。こうした姿勢は、戦中の日本においては未確立であった「近代的なもの」を追求するという立場を、丸山が戦後にまたいで引き継いだことを示している。そして、続けて、次のように述べる。

ただ近代的精神なるものがすこぶるノトーリアスで、恰もそれが現代諸悪の究極的根源であるかの様な言辞、或はそれ程でなくても「近代」に単なる過去の歴史的役割を容認し、もはや――この国に於てすら、いなこの国であるだけに――その「超克」のみが問題であるかの様な言辞が、我が尊敬すべき学者、文学者、評論家の間でも支配的であった茲数年の時代的雰囲気をば、ダグラス・マッカーサー元帥から近代文明ABCの手ほどきを受けている現代日本とをひき比べて見ると、自ら悲惨さと滑稽さのうち交った感慨がこみ上げて来るのを如何ともなし難い。漱石の所謂「内発的」な文化を持たぬ我が知識人たちは、時間的に後から登場し来ったものはそれ以前に現われたものよりすべて進歩的であるかの如き俗流歴史主義の幻想にとり憑かれて、ファシズムの「世界史的」意義の前に頭を垂れた。そうして今やとっくに超克された筈の民主主義理念の「世界史的」勝利を前に戸迷いしている。やがて哲学者たちは又もやその「歴史的必然性」について喧しく囀ずり始めるだろう。しかしこうしたたぐいの「歴史哲学」によって嘗て歴史が前進したためしはないのである。(6)

これまで抑制されていた感情が噴き出したかのような、激しい批判的精神を感じさせる文章である。丸山は、夏目漱石が日本の開化について、外発的であるという意味で「上滑り」の開化であると批判したことを引き合いに出し、真の意味での「近代的精神」の獲得を目指そうとする。ここで「歴史哲学」と書かれているのは、「近代の超克」論や「世界史の哲学」を唱えた京都学派の議論であろう。それを批判したうえで、「我が国に於て近代的思惟は「超克」どころか、真に獲得されたことすらないと云う事実はかくて漸く何人の眼にも明かになった」[7]という。そして、丸山はこの文章を、次のように結んでいる。

私は、近代的人格の確立という大業をまず3＋2＝5という判断の批判から始めたカント、乃至は厖大な資本制社会の構造理論をば一個の商品の分析より築き上げて行ったマルクスの執拗な粘着力に学びつつ、魯鈍に鞭打ってひたすらにこの道を歩んで行きたいと念願している。[8]

このように宣言して、丸山は「近代的人格」の再評価に向かうのである。こうした戦中の自らの思索の妥当性を強調する発言には、丸山が知識人の中でも、戦後転向が見られない点において、独自の位置を占めているということが関わっている。言い換えるなら、丸山には、戦前から戦中にかけての自らの立場性が敗戦により破綻したという絶望感は希薄であった。これはある程度、丸山に限らず南原繁・矢内原忠雄・大塚久雄など戦後啓蒙派の知識人にも共通する抵抗のあり方の問題である。言論活動を厳しく制限された「国内亡命」の生活が、丸山にとって試練であったことは想像に難くなく、それだけに一層、戦中から戦後にかけての自らの一貫性を強調し、その思索の連続性を読者に指し示すことに固執したのも、理由なしとは言えない。
また、この文章については、日本思想の再評価を唱えていることに注目する必要がある。第一章で検討したように、戦中の丸山は、後に『日本政治思想史研究』に収録される論文を書いていたのであるが、そこで示された立場、すなわち徳川思想史の読み直しを通じて、近代日本における主体意識成立の萌芽を探求するという立場は、そのまま戦後に持ち越される。

過去の日本に近代思想の自生的成長が全く見られなかったという様な見解も決して正当とは云えない。斯うした「超克」説と正反対のいわば「無縁」説にとって現在の様な打ちひしがれた惨澹たる境涯は絶好の温床であるが、それは国民みずからの思想する力についての自信を喪失させ、結果に於て嘗ての近代思想即西欧思想という安易な等式化へ逆戻りする危険を包蔵している。こうした意味で、私は日本思想の近代化の解明のためには、明治時代もさる事ながら、徳川時代の思想史がもっと注目されて然るべきものと思う。(9)

このように、「近代的思惟」には、当時の丸山の問題関心が凝縮されている。そして、占領下で書かれる「陸羯南——人と思想」(『中央公論』一九四七年二月号)、「福沢に於ける「実学」の転回——福沢諭吉の哲学研究序説」(『東洋文化研究』第三号、一九四七年三月)、「福沢諭吉の哲学——とくにその時事批判との関連」(『国家学会雑誌』第六一巻第三号、一九四七年九月)や「明治国家の思想」(『日本社会の史的究明』岩波書店、一九四九年)は、日本における近代的思惟の形成過程を歴史に辿るという関心に基づいている点において、いずれも戦中からの継続の試みである。これらの論文には、デモクラシー(民権)とナショナリズム(国権)が健全な形でバランスを保っていた明治前期の思想家に、彼が前向きの要素や積極面を見出そうとしていたことを見て取れる。丸山において、徳川時代から明治前期の思想史は、戦争による国家の崩壊を導いた現実の日本近代とは異なる近代化の可能性を示すものとして注目されたのである。

三 「超国家主義」論

一九四六年二月、戦後東大総長に就任した南原は、学内に憲法研究委員会を設置し、来る憲法改正に向けての議論を始めた。我妻栄・大内兵衛・矢内原忠雄・宮沢俊義など、戦前のリベラリズムを代表する学者が集められ、丸山も一番若いメンバーとして参加し、書記役を担当した。そうした中で、四六年三月六日にGHQの指示による憲法改正草案要綱が発表され、その第一条の人民主権の規定に驚かされることになる。もともと、憲法学者・美濃部達吉を始めとして、戦前からのリベラリストたちは、敗戦後も、帝国憲法について、本質的に民主主義と両立し得ると説き、改憲に消極的な態度をとっていた。それゆえ、GHQ案は衝撃をもって受け止められたのである。丸山においても、この草案の発表後、確かに変化が起きたようである。

戦後、丸山を一躍有名にしたのは、岩波書店の『世界』一九四六年五月号の巻頭に掲載された「超国家主義の論理と心理」である。当時まだ三二歳であった丸山は、論壇では全く無名の存在で、彼が『世界』の巻頭論文を執筆したのは、まさに大抜擢であったと言えよう。その時、『世界』編集長の吉野源三郎に丸山を推薦したのは、田中耕太郎であったという。戦後創刊された『世界』は、田中の他に安倍能成・和辻哲郎など、戦前のリベラリズムを代表する知識人が顧問を務めていた。彼らは、後に「オールド・リベラリスト」と言われる世代に属する。その思想的特徴としては、大正教養主義の体現者であること、天皇制を擁護する姿勢が挙げられるであろう。その傾向は、同年四月号に、津田左右吉の「建国の事情と万世一系の思想」が載ったことにも明らかである。この論文は、敗戦後の天皇制批判に対抗して、「国政の実権」と区別された、「皇室の精神的権威」の伝統を説き、「国民みづから国家のすべてを主宰すべき現代に於いては、皇室は国民の皇室であり、天皇は「われらの天皇」であられる。「われらの天皇」はわれらが愛さねばならぬ。（中略）愛するところにこそ民主主義の徹底したすがたがある[10]」と主張するものであった。

そのような保守的なリベラリストの論調に比べると、丸山の議論が斬新なものに感じられる。彼は「超国家主義の論理と心理」を、四、五日で一気に書いたという。そして、この論文が発表された時のことについて、「すぐさま当時まだ半ピラの朝日新聞に批評が載り、それをきっかけに自分ながら呆れるほど広い反響を呼んだ[11]」と記している。前節で述べたように、丸山はこの論文の中で、日本の「超国家主義」＝ファシズムを明治以来の天皇制国家原理そのものの特質と捉え、その解体こそが戦後の民主主義革命の目的であると考えた。その点において、「オールド・リベラリスト」との政治感覚の違いは明らかであるように思われる。

「超国家主義の論理と心理」に加えて、「日本ファシズムの思想と運動」（『東洋文化講座』第二巻、白日書院、一九四八年）、「軍国支配者の精神形態」（『潮流』一九四九年五月号）は、この時期の代表的な成果であり、天皇制ファシズムを支えた権力構造及び精神構造を批判的に分析したものとして重要である。丸山の論文には、ファシズムと戦争を客観的に推進した勢力と彼らの主観的な意図なり意識なりのギャップが日本の場合大きいこと、そこにはそういうギャップが出てくる機構的な必然性があったことを、社会科学的に、また歴史的に考察するという問題意識が顕著である。彼は日本のファシズムを、近代国家のナショナリズムの衝動や発現とは質的に異なった「超国家主義」と捉えている。その理由は、ヨーロッパの近代国家が、政治学者カール・シュミットの言う中性国家、すなわち国家主権が形式的な法機構によって倫理的価値に関しては中立的立場をとったのに対して、日本の国家主義は教育勅語に見られるように、内容的価値の実体をもって統治したからである。こうして、日本の近代においては、公と私の区別がなされず、倫理が権力化され、権力が倫理化されたという。そのうえで、「超国家主義の論理と心理」では、天皇制国家における権力構造の病理が、次のように炙り出される。

> 全国家秩序が絶対的価値体たる天皇を中心として、連鎖的に構成され、上から下への支配の根拠が天皇からの距離に比例する、価値のいわば漸次的稀薄化にあるところでは、独裁観念は却って生長し難い。なぜなら本来の独裁観念は自由なる主体意識を前提としているのに、ここでは凡そそうした無規定的な個人というものは上から下まで存在しえないからである。(12)

さて又、こうした自由なる主体的意識が存せず各人が行動の制約を自らの良心のうちに持たずして、より上級の者（従って究極的価値に近いもの）の存在によって規定されていることからして、独裁観念にかわって抑圧の移譲による精神的均衡の保持とでもいうべき現象が発生する。上からの圧迫感を下への恣意の発揮によって順次に移譲して行く事によって全体のバランスが維持されている体系である。これこそ近代日本が封建社会から受け継いだ最も大きな「遺産」の一つということが出来よう。(13)

このように述べて、日本社会では「自由なる主体意識」を持った個人が確立されていないため、責任意識が生じないこと、そこには究極的実体＝価値としての天皇からの距離が直ちに価値の優越性とされるような権力構造と精神構造が存在したこと、さらに上からの圧迫感を下への恣意の発揮によって移譲していくこと、すなわち「抑圧の移譲による精神的均衡の保持とでもいうべき現象」が発生したと分析する。それは、たとえば、古参兵が新兵をいじめる軍隊のあり方に集約的に表れているという。ここには、丸山自身の軍隊体験が色濃く反映しているであろう。

しかも、天皇さえ価値を創造する主体ではなく、「無限の古にさかのぼる伝統の権威を背後に負っている(14)」以上、価値の主体になるものは存在せず、政治的責任の欠如を招く「無責任の体系」[15]がはびこることになった。こうした国家の崩壊を受けて、丸山は戦前と戦後を断絶させ、そこに真の近代化の出発点を定めることを試みた。そして、彼は、日本国民が「日本ファシズム」を生み出した過去を自己批判し、戦後日本の秩序を不断に作為する近代的主体になるべく、国民精神の変革を遂げることに望みを託したのである。

これらの論文は、どのように読者に受け止められたのであろうか。日高は『現代日本思想大系』に丸山の「超国家主義の論理と心理」を収録するにあたり、「この一文は、読者に衝撃をあたえた。超国家主義をささえる意識構造が、マルクス主義的方法とはちがった角度から、見事に分析された。劃期的論文である」[16]と評価している。これは、丸山の論文を評価する際の最大公約数的な見解であろう。ただ、その衝撃には、色々な形があったようである。ここでは、三つの事例を見てみよう。

始めは、丸山門下の政治学者・藤田省三が、丸山の「日本ファシズム」批判に触れた時の印象について語った文章である。これは、丸山の死を受けて発表されたものであり、その意味では、丸山の論文との出会いが純粋な形で回顧されたものと位置付けることができる。

先生が私などをご存知なかった一九四六年に、私が、当時の日本の青少年の通例通り陸軍の学校から「復員」してきて瀬戸内海で細々とした食糧確保のために百姓をしていた頃、偶々、今治市で雑誌『世界』の名論文を手に入れて、未熟な未成年一八歳なりの無理解を含みながら、びっくり仰天して眼を通して以来、もし学校へ行って勉強するのなら、「丸山ゼミ」へ行きたいと思うようになりました。それでも、それから三年間はまだ迷いがありました。調べてみると「丸山ゼミ」が「法学部」に属していたからです。（後略）

その迷いは、三年後まで続きました。しかし、松山高校二年の時に雑誌『潮流』の名論文「軍国支配者の精神形態」を読んでハッキリと「丸山ゼミ」志望を決めました。「学部なんてどうでもよい。自分が役人になるのではないから」と割り切ったのです。特に「精神構造」を勉強したいという思いがその決心の中心でありました。ドイツの本の翻訳で「精神構造」という言葉は知っておりましたが、やはり、日本の戦前の社会構造の分析と結びついていたという事情が、私なりの自己批判の念と共に大きく働いていただろうと思います。[17]

これは、丸山の論文の受容の仕方としては、最も優等生的な部類に入るであろう。藤田は今治中学卒業後の一九四五年二―八月、戦時に増員された陸軍予科士官学校乙種生徒として埼玉県朝霞で訓練を受けた。敗戦後、父が郷里の大三島で村長に当選したので、大三島に戻り、そこで二年近く米作りをした後、四七年、松山高校に入学した。その時代に、マルクス主義歴史学及び講座派マルクス主義の日本資本主義分析に触れ、歴史への関心を深めたのである。そうした問題関心の背景に、藤田自身の言う「自己批判の念」があったことを、容易に読み取れる。

橋川文三もまた、丸山を交えた座談会の場において、丸山の論文に接した時の印象を、次のように語っている。ここには、丸山の議論に接した時の衝撃とともに、それへの違和感がやや控えめに表明されている点において注目される。

例の二十一年五月の『世界』にのった丸山さんの論文ね、みんなにとってもそうだろうと思うけれど、鮮かでショッキングだったね。つまりぼくなんか、自分のことだけで言うと、ぼくは戦争状態っていうやつがノーマルで戦後はノーマルじゃないというういわば一種のかくされた思想みたいなものがあると言ったけれど、それと丸山さんのあの透徹した論理思考とがどういう関係になるのか、それにまた、学問というもののぼくなどの知らなかった新しいイメージ、それが二十一年だか二年ごろの灼熱的で流動的な状況の中で、本当に初めての思想としてぼくなんかをとらえたわけだ。(18)

橋川は一九四七年、編集者として丸山と出会った。丸山の「軍国支配者の精神形態」を担当したのは、橋川である。ここでは、丸山の論文に接した時の印象が鮮やかに語られている。この座談会は文芸雑誌『同時代』に掲載されたもので、丸山以外の出席者はすべてこの雑誌の同人であった。座談会が丸山を囲む形で行われたことには、橋川の強い働きかけがあったという。[19] また、この頃、橋川は『同時代』に「日本浪曼派批判序説——耽美的パトリオティズムの系譜」を連載発表していた。そのことを考えると、この引用文で、橋川が自らの「一種のかくされた思想みたいなもの」と「丸山さんのあの透徹した論理思考とがどういう関係になるのか」と述べていることは興味深い。第五章で検討するように、橋川の日本浪曼派批判には、丸山の「日本ファシズム」批判に対する違和感も含まれているからである。

丸山の「日本ファシズム」批判には、これらと違った位置付けもある。その中で、丸山の論文とその受容の仕方の特徴をよくつかんでいるのは、文芸評論家・江藤淳によるものである。江藤は丸山の議論の「外在性」を指摘して、次のように述べている。

ともかく、一応丸山氏の戦後のエネルギーが壮観だとしておいてそこに呑みこまれていったのが若いファシスト達だな。「超国家主義の論理と心理」なんてのは、心臓病の患者が心電図を見せられてここが悪いと指摘されたような名論文だから、彼らが驚嘆して参ったのも無理はないね。[20]

よく言われるように、丸山の論文が自身の軍隊体験に基づいているとするなら、彼が短い軍隊生活の中で、それを批判的に眺めるという「観察者」の立場を失わなかったことが、論文の内容にも反映していると考えられる。その立場は、「日本ファシズム」に対する外からの診断であることにおいて、ある種の痛快さを持つものであった。そうした立場性が、軍国主義への反発から出発した戦後の読者に受け入れられたのであろう。

さて、「超国家主義の論理と心理」を始めとする「日本ファシズム」批判で示されたナショナリズムに関する議論は、丸山の思想史研究にも表れる。彼は明治以後の近代国家の展開、ないしはイデオロギーとしてのナショナリズム思想における進歩的なモメントや世界的共通性に注目した。とりわけ、丸山が力を込めたのは、福沢諭吉をめぐる論文である。そこで丸山は、近代市民社会における多元的「自由」の存在を読み取った。「福沢諭吉の哲学――とくにその時事批判との関連」では、福沢が言う「権力の偏重」した社会から多元的「自由」が併存する社会へと移行することによって、事物に「惑溺」する精神から脱却した、主体的な「独立」の精神が成立すると述べている。そこで明らかにされたのは、「自由の気風は唯多事争論の間にあり」という福沢の命題に象徴される、相対主義と多元主義に裏付けられたリベラリズムに支えられてこそ、デモクラシーも全体主義への傾斜を免れるということであった。

明治期の政論家・陸羯南を取り上げた論文の中でも、丸山は「超国家主義」と異なる「国民主義」の可能性について、近代日本の歴史を辿って、次のように述べている。

> 羯南の日本主義は（中略）、ナショナリズムとデモクラシーの綜合を意図した。それがいかに不徹底なものであったとはいえ、これは日本の近代化の方向に対する本質的に正しい見透しである。国際的な立遅れのために植民地ないし半植民地化の危機に曝されている民族の活路はいつもこの方向以外にない。不幸にして日本は過去においてその綜合に失敗した。福沢諭吉から陸羯南へと連なる国民主義の最初からのひ弱い動向は、やがて上からの国家主義の強力な支配の裡に吸いこまれてしまった。そのために下からの運動はむしろ国際主義いな世界市民的色彩をすら帯びざるをえなかった。長きにわたるウルトラ・ナショナリズムの支配を脱した現在こそ、正しい意味でのナショナリズム、正しい国民主義運動が民主主義革命と結合しなければならない。それは羯南らの課題を継承しつつ、その中道にして止まった不

徹底を排除することにほかならぬ。[21]

ここには、日本の近代に関する、次のような歴史認識が横たわっている。すなわち、明治前期の思想的課題は「政治的集中」（国権）と「政治的拡大」（民権）の二つの要素をどのようにして両立させるかにあり、そのバランスが取れた状態を「健全なナショナリズム」と位置付けることから、それに対して日清・日露戦争を経た明治後期を二つの要素の両立に失敗した「歪な近代化の過程」と描いたのである。丸山の近代国家観においては、外国勢力に対する国民的独立（求心力としてのナショナリズム）と内における国民的自由（遠心的要素としてのデモクラシー）が、「冷徹な国家理性」に基づいて統一されるものと考えられている。

一方で、このような歴史認識では、日本の近代化が必然的に植民地帝国として膨張する過程でもあったことが内在的に問われないという問題がある。すなわち、その国権と民権の統合に失敗し、国家主義へと転回した日本の近代化は「歪んだ近代化過程」として、理念的に構成された「近代」に対置され、断罪されることになる。それにより、彼はナショナリズムを「健全な」それと「誤った」それに区別して、日本帝国主義を「前近代的」な要素を残存させたものとして後者に押し込め、未来にあるべきナショナリズムの姿を投射したのである。

さらに、「近代日本思想史における国家理性の問題」では、近代国家における国家理性のあり方について述べている。丸山はこの中で、歴史家フリードリヒ・マイネッケの描く国家理性の危機と堕落、すなわち為政者自身が国民の排外主義的風圧の高まりに応じる形で権力行使の自己抑制力を失い、破局の道を辿った第一次世界戦争前後のドイツの光景を、戦中の日本に重ね合わせたという。そして、福沢の『学問のすゝめ』の一説を引いた後、この論文を次のように結んでいる。

内の解放と外に対する独立とは一本の問題であり、個人主義と国家主義、国家主義と国際主義とは見事なバランスを得ていた。それはまことに幸福な一瞬であった。近代日本の置かれた国際的境位はいくばくもなくしてこのバランスを打ちくずすことを福沢自らに強いたのである。(22)

ただ、ここで残された問題は、丸山の思想史研究には、明治期の「国民主義」と昭和初期の「超国家主義」を論理的に結ぶ歴史的視座が示されていないことである。国家理性に関する論文は、明治前期を扱うところで終わっているが、本来は昭和まで見通す視座を提示するはずだったのではないか。丸山は晩年まで、この論文にこだわっていたという。それは、この論文を『忠誠と反逆——転形期日本の精神史的位相』（筑摩書房、一九九二年）に収録するに際して、特別に補注が書かれたことにも表れている。

そのことに関わって、丸山の思想史研究では、明治後期から大正期にかけての思想について、ほとんど言及されることがないという問題がある。とりわけ、第一次世界戦争後の政治・社会状況において、どのような形で日本の「超国家主義」＝ファシズムが誕生したのか、という問題に関する内在的な分析がなされていないことは惜しまれる。おそらく、「大正デモクラシー」と呼ばれる思想潮流に対しては、あまり高い評価を与えていなかったのであろう。丸山がその問題に正面から取り組んだなら、彼の思想史研究はより厚みを帯びた叙述になったように思われる。

四　天皇制論

戦前から敗戦直後にかけての丸山は、南原や田中など、保守的なリベラリズムの人脈の中にいた。それは、彼らの天皇制に対する態度に表れている。そうした自らの立ち位置について、戦後、丸山は次のように述べている。

一方では当局のブラックリストに載り、定期的に特高や憲兵の来訪または召喚を受ける思想犯被疑者でありながら、他方では「リベラル」な天皇制へのゆるぎない信者である、というこの二つの側面がひとりの人格の内面に同居していたのが、敗戦まで私の「詩と真実」であった。[23]

あるいは、「一君万民的思想に無制限ではないが、ともかく本質的には反封建的な要素を認め、これを評価するのはまさに当時の私の内部の考え方であった」[24]と述べているのも、同様の感情が吐露されたものである。そうした考えに、日本国憲法の内容に触れたことで変化が訪れる。すなわち、「日本ファシズム」批判に見られるように、敗戦後の丸山は、天皇制が国民の「自由なる主体意識」の形成の妨げになっているとの認識を抱くようになったのである。後に、昭和天皇の死去に際しての回想の中で、「超国家主義の論理と心理」を執筆していた時の気持ちについて、次のように語っている。

この論文は、私自身の裕仁天皇および近代天皇制への、中学生以来の「思い入れ」にピリオドを打った、という意味で――その客観的価値にかかわりなく――私の「自分史」にとっても大きな劃期となった。敗戦後、半年も思い悩んだ揚句、私は天皇制が日本人の自由な人格形成――自らの良心に従って判断し行動し、その結果にたいして自ら責任を負う人間、つまり「甘え」に依存するのと反対の行動様式をもった人間類型の形成――にとって致命的な障害をなしている、という帰結にようやく到達したのである。あの論文を原稿紙に書きつけながら、私は「これは学問的論文だ。したがって天皇および皇室に触れる文字にも敬語を用いる必要はないのだ」ということをいくたびも自分の心にいいきかせた。のちの人の目には私の「思想」の当然の発露と映じるかもしれない論文の一行一行が、私にとってはつい昨日までの自分にたいする必死の説得だったのである。私の近代天皇制にたいするコミットメントはそれほど深かったのであり、天皇制の「呪力からの解放」はそれほど私にとって容易ならぬ課題であった[25]。

この回想は、当時の丸山の心境をつぶさに伝えるものとして重要である。ただ、次の点に注意を要する。すなわち、この引用部分を読むと、天皇制について、帝国憲法下での天皇のあり方だけではなく、戦後の象徴天皇制を含めて、天皇制全体に対する否定的な態度が明確になったような印象を受けるかもしれない。しかし、「超国家主義の論理と心理」における天皇制批判は、帝国憲法下での天皇のあり方に対する批判であり、象徴天皇制への不支持を打ち出したものではないことに、留意する必要がある。これから明らかにするように、彼において象徴天皇制を含む天皇制全体に対する否定的な態度が固まるのは、一九五〇年前後のことである。この回想では、その点が曖昧にされている嫌いがある。要するに、丸山の天皇制論には、いくつかの段階があるものと考えられる。そこで、本節では、丸山の天皇制に関する態度の変化を追うことから、彼における戦前と戦後の断絶の問題に迫ることにしたい。丸山はどのような経緯で、象徴天皇制について批判的なスタンスをとるようになったのであろうか。

大日本帝国憲法下の立憲主義的天皇制の法的根拠を基礎付けたのは、美濃部達吉の憲法学である。その天皇機関説は、統治権の主体を天皇にではなく国家にあるとし、天皇を国家の機関とする憲法学説であった（国家法人説）。主著『憲法撮要』（一九二三年刊）では、帝国憲法について、君主主権主義の性格が強いものの、そうであっても国のすべての権力が君主に属するのではなく、統治権は国家に属する権利であり、したがって君主主権とは君主を国家の最高機関とするのと同義であると主張した。そのうえで、天皇の輔弼機関である内閣に行政の主導権を認め、内閣が主導権を発揮する政党内閣制を支持したのである。

美濃部の学説に対しては、憲法学者・上杉慎吉が君権主義の立場から批判したことにより、「国体論争」が展開された（その経緯は、星島二郎編『上杉博士対美濃部博士　最近憲法論』一九一三年刊、にまとめられた）。しかし、これ以降、天皇機関説が学界の通説として受け入れられ、議会政治を実現する憲法解釈上の根拠が整えられることになった。一九三五年、貴族院で天皇機関説が国体に反するものと批判されたのを受けて、貴族院議員であった美濃部は「一身上の弁明」を行ったものの、国体明徴運動の中で発言が封じられた。敗戦後、美濃部は帝国憲法について、本質的に民主主義と両立し得ると説き、改憲に消極的な態度をとったが、こうした立場は南原・田中など保守的なリベラリストにも共有されていたものである。

基本的には、戦前から敗戦直後の丸山も、そうした天皇観を踏まえていたはずである。しかし、同時に、保守的なリベラリズムに対して、ある部分では違和感を持っていたことも確かなようである。ここで、丸山が戦時期のエピソードとして語っている、津田との意識の違いを見てみよう。第一章で述べたように、津田が東大法学部で講義を行った時、学生右翼団体のメンバーに攻撃されるという事件が起きた。その場に居合わせた丸山は、何とか津田をその場から逃したものの、やりきれない気持ちを残したようである。その時に津田が漏らした言葉は、「ああいう連中が日本の皇室を滅ぼしますよ」というものであり、それは本当に皇室を思う気持ちの表れであったという。それに対して丸山は、「ぼくには、正直なところ、それほど尊皇心がないんですね。ですから、かえって先生のその言葉を非常によく憶えている」と述べている。[26] ここには、南原・田中・津田とは異なった丸山の意識が、素直に表明されているであろう。

ただ、先に検討したように、戦前から敗戦直後にかけて、丸山は保守的なリベラリズムの人脈の中にいた。そして、マルクス主義者が、戦時期には戦争協力の論文を書いていたにもかかわらず、戦後になって手のひらを返したように天皇制批判を叫び出したことには、強い反感と軽蔑の念を抱いていたようである。後に、鶴見俊輔との対談の中で、「(敗戦直後の——引用者注) 左翼に対する異和感は、つよかった」、「異和感なんてものじゃなくて、当時むしろ憎しみと軽蔑をもったのは、やはり、戦争中羽ぶりのよかった知識人たちに対してですね。その感情は今日自分でも追体験できないほど激しかった。被害者意識もあったんです」と述べていることに、それは明らかであろう。[27]

敗戦直後の丸山は、君主制と民主主義は矛盾するものではなく、戦後日本の政治体制も立憲君主制で良いと考えていた。また、憲法草案の人民主権の規定に衝撃を受けたとはいうものの、

「超国家主義の論理と心理」では明示的に象徴天皇制不支持の立場を打ち出してはいない。翌年発表した「科学としての政治学――その回顧と展望」では、「八・一五以前の日本に政治学というような学問が成長する地盤が果して存在したかどうか」と問うたうえで、「国家権力の正統性の唯一の根拠は統治権の把持者としての天皇にあり、立法権も司法権も行政権も統帥権もすべては唯一絶対の「大権」から流出するもの」とされる帝国憲法下では、「近代国家におけるようにそれ自身中性的な国家権力の掌握をめざして、もろもろの社会集団が公的に闘争するといった意味での「政治」はそこには本来存在の余地がなかった」という[28]。これに対して、戦後の状況については、次のように述べている。

> 日本の国家構造は八・一五を契機として見られる如き歴史的な転換を遂げつつある。神秘のとばりにとざされていた国家の中核はいまはじめて合理的批判の対象となりうるに至った。（中略）天皇が実体的な価値の源泉たる地位を去って「象徴」となった事によって国家権力の中性的、形式的性格がはじめて公然と表明され、その実質的な掌握をめざして国民の眼前で行われる本来の政治闘争がここに漸く出現した。政治的現実はいまこそ科学的批判の前に自らを残るくまなく曝け出したわけである[29]。

このように、丸山は敗戦により、日本において中性国家が実現したと考えており、象徴天皇制についてはその批判の対象となっていなかった。日本国憲法で国民主権が実現したことにより、さしあたり象徴天皇制を正面から批判することはなかった。その意味では、「「リベラル」な天皇制へのゆるぎない信者」であったことに、根本的な変更が加えられたわけではないのである。

そうした心境に変化が訪れたのは、一九五〇年前後のことである。米谷匡史が指摘しているように、「次第に丸山は、近代的主体の形成を執拗にはばむ要因にいらだつようになり、それにつれて象徴天皇制にたいしても批判的になっていった[30]」。たとえば、「日本におけるナショナリズム——その思想的背景と展望」では、「戦後日本の民主化が高々、国家機構の制度的＝法的な変革にとどまっていて、社会構造や国民の生活様式にまで浸透せず、いわんや国民の精神構造の内面的変革には到っていない[31]」と苦言を呈している。そして、丸山において、天皇制が日本国民の精神的自立を妨げているという考え方がはっきりと表明されたのは、五二年の座談会「日本人の道徳」においてである。彼は、「天皇制がモラルの確立を圧殺していることに対して、どうにもがまんのならないものを感ずる。（中略）これを倒さなければ絶対に日本人の道徳的自立は完成しないと確信する[32]」立場に至る。そうした心境の変化について、丸山は次のように述べている。

天皇制がないと民族的統一が保持されないんじゃないか、と考えるべきではなくて、なにか、そういう他の権威にすがらないと民族統一がたもてないといった、なさけない状態をぬけ出すことによって、はじめて日本民族は精神的に自立できるんだ――と、そういうふうに問題を立ててゆくのが正しいのだと思う。(中略)やっとこの二、三年、ぼくの心のなかで、そういう点での考え方がきまった。[33]

このように、天皇制への批判的立場が固まったのは、「やっとこの二、三年」であるという。それは、国家の機構に世襲君主を置くか否かではなく、「もう一つ前の問題」として、「本当の自主独立の精神」を育て、制度はどちらでも「立派に自分の国をつくって行くようなたくましい国民」に人々が成長することに期待するものであった。[34]

こうして、丸山は天皇制について、それが天皇を含めて日本人の人間解放を執拗にはばむ非人間的な制度であるとみなすようになった。彼が一九五〇年頃を境に、天皇制に対する態度を決めたことには、次のような事情があるのではないか。すなわち、四九年頃から始まったレッド・パージとの関係である。この時期から、言論界や官公庁で「赤狩り」が始まり、安易に天皇制批判を表明しにくくなった。丸山は冷戦体制の成立とともに、日本に復古的な論調が戻ることを警戒し、あえて時代に抗する形で、天皇制への批判を強めていったのではないか。このことは、丸山においての、日本のナショナリズムに関するさらなる考察を進める要因ともなったが、それについては第三章で検討することにしたい。

この時期から、丸山は天皇に親近感を抱く「重臣リベラリズム」に対する批判を強めていく[35]。たとえば、津田に見られるような、「現代の明治的な人間といわれている人は、日本の最近のウルトラ・ナショナリズムが明治以後の国家ないし社会体制の必然的な発展として出てきたものだということを、どうしても承認し[36]」ないことを問題と考えた。そして、「ぼくは明治的な知識人というような人は、重臣層的な意識と共通したものをもっていると思う。つまりリベラルだがデモクラティックでない。そういう重臣リベラリズムは国民的な基礎がなかったので無力だった[37]」と批判するのである。また、後に、藤田との対談の中では、リベラリズムとマルクス主義の関係について、次のように述べている。

やはり重臣リベラリズムというものと断絶しなければ、ほんとうのリベラリズムは出てこない。そこにはマルクス主義の役割が介在していると思うんですね。僕にいわせると、マルクス主義によって起死回生しないと、そういう意味でほんとうのリベラルにならない。（中略）僕はマルクス主義の洗礼を浴びているか浴びていないかということでリベラリズムを分ける。[38]

ここには、戦中から抱いてきた違和感を、戦後はっきりと整理して、言葉にすることによって、丸山が自らの立場表明を試みたことを見て取れる。天皇や「重臣リベラリズム」に対する態度表明には、強い自己批判の意味もあったであろう。それにより、丸山は戦前と戦後を断絶させ、自らの立場を明確にしたのである。

竹内もまた、この頃に天皇制への批判的立場を表明している。それは、序章でも引用した「屈辱の事件」においてである。このエッセイは、彼が敗戦を挟んで、中国に兵士として滞在した時期の印象を、一九五三年に書いたものである。[39]その中で竹内が語る「屈辱」とは、日本にとって潜在的なチャンスがありながら、八月一五日を共和国成立へと転化させ得なかった「屈辱」である。

八・一五は私にとって、屈辱の事件である。民族の屈辱でもあり、私自身の屈辱でもある。

つらい思い出の事件である。ポツダム革命のみじめな成りゆきを見ていて、痛切に思うことは、八・一五のとき、共和制を実現する可能性がまったくなかったかどうかということである。可能性があるのに、可能性を現実性に転化する努力をおこたったとすれば、子孫に残した重荷について私たちの世代は連帯の責任を負わなければならない[40]。

近年、竹内のテクストの読み直しを進める丸川哲史が指摘しているように、「ここで選ばれた言葉の行間には、この文章が書かれた一九五三年という、固有の歴史感覚に裏打ちされた「屈辱」の感覚が滲み出ているように読める[41]」。それは、日本の独立の翌年であり、朝鮮戦争の停戦の年、つまり東アジアにおける冷戦体制が確立された歴史を刻印している。この文章で竹内は、日本人に抵抗精神がなく、易々と転向するという点に、戦前／戦後を貫く問題が潜んでいるという。その意味において、丸山と竹内の間には、戦後社会に関する状況認識について、それへの批判的視座が共有されていたものと考えられる。しかし、同時に、丸山においては戦後革命の出発点として位置付けられる「八・一五」が、竹内においては「屈辱」として記憶されていることに、二人の歴史意識の相違を読み取ることもできる。それはまた、これから検討するように、戦中／戦後のアジアに対する認識の違いにも関わっている。両者の相違は、戦後様々な形で表れるであろう。

◇注

(1) 戦後日本の思想空間については、石田雄『日本の社会科学』(東京大学出版会、一九八四年)、同『社会科学再考――敗戦から半世紀の同時代史』(東京大学出版会、一九九五年)が参考になる。
(2)「戦後民主主義」という呼称については、小熊英二『〈民主〉と〈愛国〉――戦後日本のナショナリズムと公共性』(一四一―一七頁)、同「丸山眞男の神話と実像」『KAWADE道の手帖　丸山眞男』(一二―一四頁)を参照。
(3) 宇佐見英治・宗左近・曾根元吉・橋川文三・丸山眞男・安川定男・矢内原伊作「戦争と同時代――戦後の精神に課せられたもの」二一六頁。
(4) 丸山眞男「近代日本の知識人」二五四頁。
(5) 丸山眞男「近代的思惟」『文化会議』第一号、一九四六年一月(『丸山集』第三巻、三頁)。
(6) 同前、三―四頁。
(7) 同前、四頁。
(8) 同前、四―五頁。
(9) 同前、四頁。
(10) 津田左右吉「建国の事情と万世一系の思想」『世界』一九四六年四月号、五四頁。

(11) 丸山眞男「『現代政治の思想と行動』第一部　追記および補註」丸山眞男『現代政治の思想と行動』上、未來社、一九五六年(『丸山集』第六巻、二四七頁)。

(12) 丸山眞男「超国家主義の論理と心理」三一頁。

(13) 同前、三二一―三三三頁。

(14) 同前、三四―三五頁。

(15) 丸山眞男「軍国支配者の精神形態」『潮流』一九四九年五月号(『丸山集』第四巻、一四〇頁)。

(16)『現代日本思想大系』第三四巻、筑摩書房、一九六四年、二六七頁。

(17) 藤田省三「弔辞――丸山眞男追悼」『みすず』一九九六年一〇月号(『藤田省三著作集』第八巻、みすず書房、一九九八年、六七九―六八〇頁)。

(18) 宇佐見英治・宗左近・曾根元吉・橋川文三・丸山眞男・安川定男・矢内原伊作「戦争と同時代――戦後の精神に課せられたもの」二一二―二一三頁。

(19) 安川定男「丸山さんとの淡い仲」『丸山座談』第二冊「月報」三頁。

(20) 江藤淳「ただの個人主義者」『日本読書新聞』一九五九年二月九日、一頁。

(21) 丸山眞男「陸羯南――人と思想」『中央公論』一九四七年二月号(『丸山集』第三巻、一〇五頁)。

(22) 丸山眞男「近代日本思想史における国家理性の問題」『展望』一九四九年一月号(『丸山集』第四巻、二二四頁)。

(23) 丸山眞男「昭和天皇をめぐるきれぎれの回想」『60』第一四号、一九八九年三月(『丸山集』第一五巻、二九―三〇頁)。

(24) 丸山眞男「『日本政治思想史研究』あとがき」二九一頁。
(25) 丸山眞男「昭和天皇をめぐるきれぎれの回想」三五頁。
(26) 丸山眞男・福田歓一編『聞き書　南原繁回顧録』東京大学出版会、一九八九年、二五一頁。
(27) 鶴見俊輔・丸山眞男「普遍的原理の立場」一〇四―一〇五頁。
(28) 丸山眞男「科学としての政治学――その回顧と展望」『人文』第一巻第二号、一九四七年六月（『丸山集』第三巻、一三八頁）。
(29) 同前、一四三頁。
(30) 米谷匡史「丸山真男の日本批判」『現代思想』一九九四年一月号、一四八頁。
(31) 丸山眞男「日本におけるナショナリズム――その思想的背景と展望」『中央公論』一九五一年一月号（『丸山集』第五巻、七五頁）。
(32) 磯田進・竹内好・鶴見和子・丸山眞男「日本人の道徳」二五四頁。
(33) 同前、二五四頁。
(34) 永井道雄・日高六郎・丸山眞男・宮沢俊義「天皇制」『婦人公論』一九五九年七月号（『丸山座談』第三冊、二九七頁）。
(35) 丸山と「重臣リベラル」の天皇観の差異については、苅部直『丸山眞男――リベラリストの肖像』（岩波書店、二〇〇六年、一三四―一四八頁）を参照。
(36) 飯塚浩二・豊崎昌二・丸山眞男「日本の思想における軍隊の役割」『丸山座談』第一冊、二六六頁。
(37) 同前、二六七頁。

(38) 藤田省三『異端論断章』(『藤田省三著作集』第一〇巻、みすず書房、一九九七年、九七頁)。

(39) 孫歌は『竹内好という問い』の中で、「屈辱の事件」について、敗戦を挟む時期の感情の自然的再現と考えるのは不適当であるとしたうえで、次のように述べている。「しかし逆から言うと、この時間のフィルターは、竹内好の思想世界の核心に最短で接近するのに有用である。というのも、竹内好はこの時間によって自身の感情を精錬したからである」(一五七頁)。

(40) 竹内好「屈辱の事件」七八頁。

(41) 丸川哲史「はじめに」丸川哲史・鈴木将久編『竹内好セレクション』I、日本経済評論社、二〇〇六年、九頁。

第三章　一九五〇年代の丸山眞男

一　「戦後思想」の始まりをめぐって

敗戦後、言論が湧き立ち、様々な自主的結社の活動が展開された民主化の時代は、それほど長くは続かなかった。占領政策の方向転換は、一九四八年の初め頃から徐々に始まり、一〇月のアメリカ国家安全保障会議（ＮＳＣ）の決定に基づく経済復興への重点移動によって本格化した。五〇年には、マッカーサーが日本の再軍備という考えを示し、占領政策における逆コースが始まった。六月に、朝鮮戦争が勃発すると、警察予備隊が創設され、レッド・パージがたちまちのうちに社会に広がった。丸山を始めとする戦後民主主義の論客にとって、戦後日本において展開した民主主義的な思想・運動は、その制度的基盤を占領軍という外からの力に依存している点で、弱さを持つものであった。そして、憲法によって体制化された民主主義の理念が、東アジアにおける冷戦体制の確立により逆行を余儀なくされると、彼らは新たな対応を迫られたのである。

序章で述べたように、日本の「戦後思想」の展開過程について、その形成は占領下の一九四〇年代後半よりは、五〇年代に進行した事態であることが明らかになりつつある。占領下の統制された言論状況を経て、アジア・太平洋戦争の経験が主題化されたのは、朝鮮戦争を経て冷戦体制の確立する五〇年以降のことである。そこでは、アジア・ナショナリズムのインパクトを受ける形で、新たなナショナリズム論が展開されたのである。社会学者・清水幾太郎が「日本人」の中で、「日本のインテリの特徴は、その近代主義の故に、アジア乃至日本を素通りしてゐるところにある」[1]と述べたのは、占領下の日本の啓蒙主義への批判を含むと同時に、改めてアジアに向き合うことはどのようにして可能かという問いを提起するものであった。戦争責任問題についても、五〇年代後半から、東京裁判、公職追放、憲法及び法律の改廃、教育の改革などで占領軍によって制度的に作られた戦争責任意識を克服して、自力で戦争責任意識を創り出す試みが見られた。そこでは、戦争責任問題の文脈において、改めて戦後の知識人の立場性への問いが提起されたのである[2]。

一九五〇年代前半には、民族の問題が講和条約をめぐって表面化する中で、「国民文学論争」が展開された。この論争は竹内好の問題提起に端を発し、文学者だけではなく、歴史学者・社会学者・政治学者など、様々な領域の知識人を巻き込むものへと発展した。そこには、西洋近代をモデルとする近代主義への反省とアジアの民族主義への評価が顕著に表れているという意味において、戦後知識人の立場性が戦争責任問題とともに問われた代表的な例であると考えられる。竹内はこの論争の中で、「近代主義とは、いいかえれば、民族を思考の通路に含まぬ、あるいは排除する、ということだ[3]」と述べた。そして、占領下で、主権をめぐる議論やアジア主義への言及が厳しく制限されていた状況において、「近代の超克」論の有力な担い手であり、戦時期に若い読者を魅了した日本浪曼派の文学運動を取り上げたのである。

竹内によると、民族をはっきりと自分の主題としたのは、戦中の日本浪曼派である。その象徴的存在である保田與重郎は、マルクス主義が一世を風靡した後、その内面の弱点と権力の弾圧のために解体され、転向の兆しを見せ始めた時期に、マルクス主義において最も思想的に弱かった部分を、芸術・思想・倫理と民族的伝統の関係についての把握であると見た。保田は、マルクス主義の思想・文学運動がその部分から崩壊して行くのを目の当たりにしながら、次第に民族的なるものに対する信念を強めていった。竹内はそうした経過を踏まえたうえで、戦後の近代主義者やマルクス主義者に表れる、日本浪曼派への無関心という現象を批判したのである。彼はあえて、日本浪曼派という忌まわしき過去を持ち出すことによって、戦後思想のタブーを打ち破ろうとする。

マルクス主義者を含めての近代主義者たちは、血ぬられた民族主義をよけて通った。自分を被害者と規定し、ナショナリズムのウルトラ化を自己の責任外の出来事とした。「日本ロマン派」を黙殺することが正しいとされた。しかし、「日本ロマン派」を倒したものは、かれらではなくて外の力なのである。外の力によって倒されたものを、自分が倒したように、自分の力を過信したことはなかっただろうか。それによって、悪夢は忘れられたかもしれないが、血は洗い清められなかったのではないか。(4)

ここで注目されるのは、竹内にとっての日本浪曼派の問題が、それをなかったこととして平然と戦前の主張を再び展開する戦後の批判的知識人の関心のあり様への違和感としてあったことである。彼において、日本の「戦後」をどのように立ち上げるのかという問題は、戦前／戦後の自らの立場性への問いに帰着せざるを得なかった。この点に関わって、鶴見俊輔は竹内の問題提起について、次のように述べている。

文学の中の一つの潮流としての日本浪曼派にむけられたまなざしは、文学よりもひろく日本文化全体にむけられている。日本民族固有の使命をかざして大東亜戦争につきいった国家の決断を支持した国民。日本国民が指導者にだまされたのではなく、みずからの決意をもって総力戦に入っていったことを、竹内は自分個人の実感をもってここにうらがきする。それは竹内個人の失敗であり、日本国民の失敗である。小さな兵力をひきいて日本にのりこんできたマッカーサー元帥が軍事上の都合によって、日本国民に責任はない、指導者だけに責任があると言い、共産主義者、社会主義者、自由主義者、進歩的知識人がその判断を受けいれるとしても、それは竹内好には受入れにくかった。彼は決して受けいれない。みずからの戦争責任と、自分の戦後をもってとりくみたいと望む。(5)

鶴見が指摘しているように、竹内の文章は、日本の戦後が連合軍による占領という他律的な力によって進んでいったこと、それゆえ、そこでは日本国民の主体的な動きが微弱であることを、改めて知識人に痛感させた。竹内は、東京裁判による戦争責任の追及の方向性とは異なり、知識人が自らの問題として戦争責任に向き合い直すことを求めたのである。丸山もまた、その立場を共有していたであろう。そして、そうした状況に呼応する形で、新たなナショナリズム論を展開し、戦争責任問題について発言する。

本章は、東アジアの政治・社会状況に強く規定された日本の「戦後思想」について、一九五〇年代から六〇年安保までの丸山のテクストを中心に、当該期の議論をアジアとの関係に開く形で読み直すものである。丸山の思想的作業を概観するなら、五〇年頃を境にして、戦中から敗戦直後のものとは違った主題を見て取ることができる。彼のナショナリズム論に関しても、第一にアジアの新興ナショナリズムを評価する姿勢が示されたこと、第二に戦中・戦後の国民主義論に修正が迫られ、ファシズム批判の新展開が図られたことを指摘できる。ここでは、日本の「戦後思想」の始まりに冷戦体制の成立とアジア・ナショナリズムの動向が強く影響していることを踏まえたうえで、その流れの中で丸山がそれらのインパクトをどのように受け止めたのか、という問題について考察する。また、平和問題談話会や憲法問題研究会など、五〇年代から六〇年代初頭の活動、つまり講和論争から安保問題に至る時期の現実政治との関わりについて検討する。

二　アジア認識の転回

丸山がアジアのナショナリズムに言及するのは、一九五〇年前後のことである。四〇年代後半には、インドの植民地独立運動が勝利するなど、アジアのナショナリズム運動が無視し難い動きを見せ、また五〇年一〇月には、インドのラクノウで太平洋問題調査会の国際会議が開かれ、民族自決と民族独立、西欧列強の植民地支配に対する抵抗の問題が議論された。日本の論壇において、アジアのナショナリズムが議論されるのも、こうした動きに連動したものであり、戦後啓蒙派の知識人に西洋近代をモデルとする近代主義への反省とアジアの民族主義への評価をもたらしたのである。

竹内が「日本人の中国観」の中で、丸山の「近代日本思想史における国家理性の問題」をめぐって投げかけた問いは、その後の丸山の思想的作業を見るうえで重要である。竹内は、丸山が中国の近代化が日本に立ちおくれた原因について、華夷思想という概念を持ち出したことに注目する。そして、中国の華夷思想は固有であったために国家理性の発生を頑強に妨げたが、日本のそれは中国からの借り物であったために抵抗が弱かったばかりでなく、逆にそのまま国家理性の成立のためのテコに転化した、という丸山の説を卓見としながらも、なお不満があるとして、次のように述べている。

丸山の説は、中国が日本より近代化に立ちおくれた原因を、イデオロギイの側面から、妥当に説明を下してはいるが、かれはなお、その立ちおくれを立ちおくれのままで処理していて、時間的な差が同時に質の差を含むという展望を与えていないように思われた。後進国の近代化の過程を、はっきりヨオロッパと区別して扱う扱い方においては、これまでの公式的な唯物史観論者より数等すぐれているが、後進国の型に日本と中国では質的な差があることをかれは見逃してはいないだろうか。(中略)どうも私には、丸山のような学者さえ、日本人の伝統的な中国侮蔑感が意識下にあって正しい理解を妨げているような気がする。(6)

こうした竹内の批判を、丸山は十分に意識していたはずである。そのことは、丸山が「日本におけるナショナリズム――その思想的背景と展望」の中で、中国やインドを始めとするアジアのナショナリズムにどのように向き合うのかという問題を主題化すると同時に、自らの思想史研究の認識枠組みを変更し始めたことに見て取ることができる。丸山の論文は、先に引用した清水の「日本人」と同じく、『中央公論』誌上の特集「アジアのナショナリズム」に掲載されたものであり、インドでの太平洋問題調査会の国際会議に提出したペーパーをもとに書き直された論稿である。丸山はこの中で、日本の「超国家主義」が西洋近代のナショナリズムとも、アジアのそれとも違う点を指摘したうえで、日本の近代について、「「前期的」ナショナリズムの諸特性を濃厚に残存せしめたまま、これを近代ナショナリズムの末期的変質としての帝国主義に癒着させた(7)」

として、次のように述べている。

あれほど世界に喧伝された日本人の愛国意識が戦後において急速に表面から消えうせ、近隣の東亜諸民族があふれるような民族的情熱を奔騰させつつあるとき日本国民は逆にその無気力なパンパン根性やむきだしのエゴイズムの追求によって急進陣営と道学的保守主義者の双方を落胆させた事態の秘密はすでに戦前のナショナリズムの構造のうちに根ざしていたのである(8)。

ここでは、アジアのナショナリズムとの比較のうえで、日本が位置付けられている。そこには、「アジア諸国のうちで日本はナショナリズムについて処女性をすでに失った唯一の国である(9)」として、日本のナショナリズムがウルトラ・ナショナリズムに転化した足跡を辿るという意図があった。この論文には、新中国の成立、朝鮮戦争の勃発、アメリカのアジア政策の転換などが影を落としているであろう。そのことは、丸山がこの中で、アメリカを新たな支配者とする東アジアにおいて、日本の「独立」もまた、彼が考えるのとは別のナショナリズム（日の丸や君が代の復活、警察予備隊の設置や海上保安隊の増強など再武装の動き）により侵食されることへの危機感を表明していることに明らかである。丸山は一九五〇年代には、戦後の「現代のファシズム」としてのマッカーシズム批判を展開し、日本社会論へと接続させるが、そこには戦後日本のナショナリズムへの危機感があった。同時に、この政治的動向が、戦前のナショナリズムそのままの復活とも目し得ない、複雑な相貌を持っていることに注意を促す。

> 伝統的シンボルをかつぎ出して、現在まだ無定形のままで分散している国民心情をこれに向って再び集中させる努力が今後組織的に行われることがあっても、そこで動員されるナショナリズムはそれ自体独立の政治力にはなりえず、むしろヨリ上位の政治力——恐らく国際的なそれ——と結びつき、後者の一定の政治目的——たとえば冷戦の世界戦略——の手段として利用性をもつ限りにおいて存立を許されるのではないかと思われる。(10)

ただ、丸山がアジアのナショナリズムに向き合う際に、かつて帝国日本が植民地化した朝鮮において戦争が行われていることを内在的に問う方向には議論が進まず、もっぱら日本国内の政治・社会状況の問題として議論が展開していることを、見逃すことはできない。その意味では、彼において、植民地帝国の支配秩序をその内部から切り崩す論理を持たなかったことが戦後も正面から問われない、という問題は残るのではないか。
『日本政治思想史研究』が刊行されたのは、ちょうどこの頃である。第一章で述べたように、この著作は戦中に発表された論文から構成されているが、そこには、「中国の停滞性に対する日本の相対的進歩性という見地」が下敷きにされていた。そして、「あとがき」において、丸山はそうした見地への自己批判を表明した。にもかかわらず、この著作は、全体を通底する「アジア停滞論」に変更を加えないままに刊行されたのである。その一方で、「あとがき」には、時代の変化に応じた問題関心の推移が、次のように記されている。

私の今後の日本思想史研究は本書において試みられた方法や分析の仕方を既に一義的に確定されたものとして、ただそれをヨリ豊かにして行くということにはならないであろう――（中略）新たな視角と照明の投入によって、全体の展望は本書におけるとはかなりちがったものとなるにちがいない――という予測を持つ（後略）[11]

こうした問題関心の変化は、思想史の方法論をめぐる問いとして展開されることになる。すなわち、戦中から敗戦直後にかけて発表された文章に見られるような、近代的思惟の内在的発展を描く普遍史的な発展段階論は、一九五〇年代を通して徐々に修正されていくのである。それについては、第四章で検討することにしたい。

また、この頃から展開された、日本のナショナリズムへの批判的考察は、それまでの国民主義論に修正を迫ることになる。「ファシズムの諸問題――その政治的動学についての考察」（『思想』一九五二年一一月号）は、「戦前戦後を通じ、また洋の東西にわたってあらゆるヴァリエーションを帯びて現われている反動的政治現象のなかから、できるだけ一般的な形で「ファシズム的なもの」を抽出し、その政治的発展法則を究明しよう[12]」という問題意識に基づいて書かれた論文である。これは、逆コースに伴うナショナリズムへの回帰が冷戦構造の中での対米追従に他ならず、そうした傾向がまた大衆社会化という新たな状況とも結び付いていることに警鐘を鳴らすものである。戦中から敗戦直後の丸山には、国民主義の担い手となるべき政治的主体の立ち上げという課題をめぐって、その主体形成の契機を歴史に遡るという方法が顕著であり、「特殊日本的（＝前近代的）」な状況のもとで「近代的」とされる諸価値が漸次的に準備される過程を叙述するという関心が支配的であった。それに対して、この論文では、むしろ近代社会自体が大衆社会化する中でファシズムを生む温床になるという危機感が強く表れているところに、新たな議論の展開を見て取ることができる。

さらに、「ファシズムの現代的状況」にも、そうした危機感が如実に表れている。丸山はこの中で、「ファシズムという現象が、決して近代社会の外部から、その花園を荒しに来た化け物ではなくて、むしろ近代社会、もっと広くいって近代文明の真只中から、内在的に、そのギリギリの矛盾の顕現として出て来たということ[13]」に注意を促す。彼は、ファシズムの政治的機能の重要なモメントの一つは、社会の強制的同質化あるいは強制的セメント化であるという。また、現代生活において国民大衆の政治的自発性の減退と思考の画一化をもたらす大きな動力としてのマス・コミュニケーションの発達による知性の断片化・細分化の問題を指摘する。それに対抗するためには、伝統社会には備わっていたものの、近代化の過程で失われていく抵抗の精神や、中間勢力の自主性に着目しなければならないという。

> ファシズムの強制的同質化を準備する素地は近代社会なり近代文明なりの諸条件や傾向のなかに内在しているものであって、それだけに根が深いといわなければなりません。これに抵抗するためには、国民の政治的社会的な自発性を不断に喚起するような仕組と方法がどうしても必要で、そのためにできるだけ自主的なグループを作って公共の問題を討議する機会を少しでも多く持つことが大事と思われます[14]。

ここで丸山は、労働組合を先頭とする自主的結社も重要な担い手であると述べている。そこには、「現代のファシズム」としてのマッカーシズムに対する強い批判を見て取ることができるであろう。このように、一九五〇年代の丸山のナショナリズム論については、アジアのナショナリズムに向き合う中から、かつての国民主義論に修正が迫られたこと、またファシズム批判の新展開が図られたことを指摘できる。

丸山の身近にも、マッカーシズムの脅威は及んでいた。「E・ハーバート・ノーマンを悼む」は、その表れである。外交官であり、また歴史家でもあったノーマンは、戦中・戦後を通して丸山とは親しい友人であった。一九四七年に岩波書店から刊行された『日本における近代国家の成立』は、ノーマンの代表的な著作である。彼は「赤狩り」の攻撃を受け、一九五七年にエジプト大使を務めていた勤務先で自殺した。その死を悼む文章は、丸山としては珍しく、悲痛な心持が行間からにじみ出るものであり、そこにはマッカーシズムの象徴的な犠牲者に対する特別な感情が吐露されている。丸山はこの中で、ノーマンの「忘れられた思想家」に光を当てる「無名のものへの愛着」を、「不寛容にとりまかれた寛容」と合わせて強調している。(15) そしてこの文章を、「人間性の美しさをあのように愛し、知性による説得の可能性にあのように信頼をかけていたノーマンが、その長からぬ生涯の最後を、狂信と偏見と不寛容にとりまかれながらその命を断ったとするならば、残された我々は何をすればよいのか」[16]という一文で結んでいる。

三　平和問題談話会から憲法問題研究会へ

占領期からサンフランシスコ講和、そして五五年体制が確立していく過程で、知識人は戦後の平和主義を守るための新たな運動を組織した。哲学者・安倍能成を議長とする平和問題談話会は、その一つである。一九四八年、ユネスコを中心に東西の社会科学者が戦争の発生原因とその防止について、「平和のために社会科学者はかく訴える」という声明を出した。『世界』の編集長であった吉野源三郎はこれを読んで、日本でも同様のことができないかと考えた。そこで、『世界』に執筆していた幅広い知識人の統一戦線として会を結成し、平和の原則を確認する最初の声明「戦争と平和に関する日本の社会科学者の声明」（一九四九年一月）を出したのである。丸山は、清水や哲学者・久野収らとともに、最も若いメンバーとして参加した。

二番目の声明は「講和問題についての平和問題談話会声明」（一九五〇年一月）であり、南原・丸山の他に、都留重人・中野好夫・湯川秀樹などが名前を連ね、全面講和・中立不可侵・国連加盟・軍事基地反対・経済的自立を訴えた。ここには、吉田茂首相の単独講和論を批判する意味が込められていた。戦争で中国・朝鮮及び東南アジア諸国に多大な犠牲を強いた日本が、これらの国々を排除した講和条約を結ぶことは許されないという思いが、全面講和論にはあったのである。

この会の議論が緊張感を持って展開されたのは、やはり朝鮮戦争の勃発後である。そこで発表された「三たび平和について」（一九五〇年九月）の四つのパートのうち、最初の二つを丸山が書いた。ここでは、原子爆弾の出現が戦争形態を変え、それによってどのような大義名分のある戦争でも、現在の戦争では手段のほうが肥大化し、目的に逆作用する可能性が強くなったことを指摘する。「原子力戦争は、最も現実的たらんとすれば理想主義的たらざるをえないという逆説的真理を教えている」(17)。そのうえで、戦争の放棄を維持しつつ、非武装の日本が世界の中で安全を確保するためには軍事同盟を結ぶべきではないと述べ、全面講和に基づく中立、さらに外国軍への軍事基地提供の反対という平和四原則を打ち出したのである。これは、日本労働組合総評議会（総評）や日本社会党の方針にも採用され、大きな影響を与えた。

一九五〇年代の丸山は、戦争責任論に関する新たな議論にも関わった。彼の「戦争責任論の盲点」は、戦争責任論について明快な立場を打ち出すことによって、その論理展開に新たな地平を切り開いた論稿である。丸山はこの中で、戦争責任を主体的に問うために、主観的心情ではなく客観的結果を重視する政治的な責任問題の考え方を導入する。そして、戦争責任が不問に付されたた「二つの大きな省略(18)」として、天皇と共産党の問題を取り上げた。すなわち、前者については、「自らの地位を非政治的に粉飾することによって最大の政治的機能を果すところに日本官僚制の伝統的機密があるとすれば、この秘密を集約的に表現しているのが官僚制の最頂点としての天皇にほかならぬ(19)」という。そして、昭和天皇個人についても、戦争に関しては南原などの言う「道徳的責任」だけではなく、「政治的責任」が明確にある以上、やはり退位すべきであると述べた。また、後者については、共産党が有効な反ファシズム・反帝国主義闘争を組織化できなかったことを指摘し、戦後における共産党の非転向という〝超越的立場〟への違和感を表明したのである。

この問題提起を受けて、思想の科学研究会一九五六年度総会では、「戦争責任について」という主題で討論が展開された。丸山はその中でも、責任の意識がなく、かえって支配層を構成していた人々が被害者意識しか持っていないことは、支配層にリーダーシップの自覚がなかったことと関係があるという。そして、なぜ日本の支配層に政治的リーダーシップの自覚が少なかったのかという点について、「戦争に突入した頃の日本の天皇制自身がいわば一個の厖大な「無責任の体系」だと思うのです[20]」と自説を展開した。ここに見られる彼の戦争責任論は、「日本ファシズム」批判の成果を踏まえたものである。

竹内もまた、この討論に参加していたが、そこではほとんど発言を残さなかった。その後、討論の記録が『思想の科学会報』に掲載される際に寄せた一文に、彼の立場がよく示されている。竹内はその中で、第一に「戦争責任は究極には個人の責任、したがって道徳責任に帰着する――あるいはそれが出発点になる」こと、第二にその問題を追及する方法として、「告白という経路」が必要であること、第三に戦争責任を考える場合に、「日本の近代化の型の問題」（とりわけ、中国との比較）を考慮に入れなければならないことを挙げた[21]。ここには、戦後の思想状況において意識化された問題を、あえて戦中の自らの立場を探究する作業として問うという、自己省察の姿勢を見て取ることができる。すなわち、竹内は戦中に「大東亜戦争と吾等の決意（宣言）」を書き、時局にコミットした政治的判断の誤りの自覚に基づき、戦後も一貫してアジアを主体的に考える歴史的視座を探し求めたのである。

竹内はアジアへの責任論について、戦争責任論が成立するためには、加害意識の連続が前提になるという。そして、そのためには戦争処理が完結していない、あるいは戦争そのものが事実として終わっていないという認識が必要であると述べる。彼は、「日本の行った戦争の性格を、侵略戦争であって同時に帝国主義対帝国主義の戦争であり、この二重性は日本の近代史の特質に由来するという仮説を立てた」[22]。そして、「侵略戦争の側面に関しては日本人は責任があるが、対帝国主義戦争の側面に関しては、日本人だけが一方的に責任を負ういわれはない、という論である」[23]と述べるのである。このようなアジアへの責任の強調は、東京裁判がアメリカの主導のもとになされた責任追及であって、アジアからの視点を欠いていたことに対する異議申し立てという意味を含んでいた。そのうえで、竹内は、「民族感情に自然な責任感の伝統をよりどころと」する「責任意識」、すなわち「アジア、とくに中国に対する侵略の痛み」をもとにした「責任意識」の構築を唱えるのである[24]。

敗戦後、丸山は論壇誌でも活躍し、平和問題談話会の活動などを通じて、現実政治への提言を続けていたが、彼の名前が広く一般に知られるようになるのは、一九六〇年、岸信介内閣による日米安全保障条約（安保条約）の改定に反対する運動が高揚した時である。五〇年代半ばに自民党政権内で改憲論が高まり、その意を受けて設置された政府の憲法調査会の議論に対抗する狙いで、五八年に大内兵衛・我妻栄・宮沢俊義らを中心に組織された、専門分野を横断するグループとしての憲法問題研究会に、丸山も参加した。ここには、谷川徹三・中野好夫・桑原武夫・竹内好など五〇名を超える会員が集まったが、その約半数は平和問題談話会のメンバーであった。六〇年安保に前後して、丸山の現実政治への関わりは、様々な形で進められる。

岸内閣の新安保条約をめぐる対応は、一九六〇年五月一九日に山場を迎えた。一九日深夜から二〇日零時過ぎに渡って、議場に警官隊を導入して新安保条約と関係法案の一括承認の強行採決がなされたのである。それを受けて、丸山は五月二四日に開かれた「岸内閣総辞職要求・新安保採決不承認学者文化人集会」で、「選択のとき」と題された講演を行った。会場は満員で、入場できない人たちも多かったという。丸山はこの中で、一九日から二〇日にかけての「あの夜を境いとして、あの真夜中の出来事を境いとして、これまでとまったく質的に違った段階に入った」[25]と説き始める。そして、次のように述べた。

ちょうど今まで、自民党政府、岸政府によって、個別的、断片的になされてきた民主主義と憲法の蹂躙のあらゆる形が、あの夜に、集中的に発現された。それによって、一方の極に赤裸の力が凝集したと同時に、他方の極においては、戦後十数年、時期ごとに、また問題別に、民主主義運動のなかに散在していた理念と理想は、ここにまた、一挙に凝集して、われわれの手に握られたわけであります。もし私たちが、十九日から二十日にかけての夜の事態を認めるならば、それは、権力がもし欲すれば何事でも強行できること、つまり万能であることを認めることになります。権力が万能であることを認めながら、同時に民主主義を認めることはできません。一方を否認することは他方を肯定すること、他方を肯定することは一方を否認することです。これが私たちの前に立たされている選択です。(26)

この集会はそのまま国会へのデモに移り、丸山を含む四〇名ほどが代表になって、首相の面会を求めて官邸へ向かい、応接室で五時間も粘り続けたという。ここには、戦争体験を背景に持つ日本の民主主義が、根本から侵害される事態に対して、強い危機感を持っていたことをうかがわせる。

安保条約改定が与党の一部によって単独採決された後には、憲法問題研究会主催の「民主政治を守る講演会」で、「復初の説」と題して、次のように訴えた。講演の題目にある「復初」とは、性に返り、初めに返るという意味である。

初めにかえるということは、さしあたり具体的に申し上げますならば五月二十日にかえれ、五月二十日を忘れるなということであります。(中略)初めにかえれということは、敗戦の直後のあの時点にさかのぼれ、八月十五日にさかのぼれということであります（拍手）。私たちが廃墟の中から、新しい日本の建設というものを決意した、あの時点の気持というものを、いつも生かして思い直せということ、それは私たちのみならず、ここに私は、そのことを特に言論機関に心から希望する次第であります。(27)

多くの人々が民主主義の危機を感じ、岸内閣退陣と国会解散の主張を決意した日を指して、丸山が示したのは、「八・一五」の原点に返って、民主主義を再び立ち上げようということであった。この時期、丸山は政治に関して、親鸞になぞらえて「在家仏教主義」ということを言い出す。すなわち、政治を政治家や政治運動家など政治の〝プロ〟のものだけにするのではなく、「在家」の、つまり仏教の専門家である「坊主」＝「出家」ではない〝アマチュア〟の、普段は一般職業に就いている人たちの政治参加こそが、デモクラシーの基本であると考えた。ここには、「市民のための政治学」という発想が強く抱かれていたのである。

これほど現実政治の趨勢に深く関わったという経験は、丸山の生涯において他にはない。そのため、六〇年安保に前後して、彼は自らを取り巻く状況の変化に戸惑っていたようである。それはまた、「日本ファシズム」研究を含めた『現代政治の思想と行動』が一九五〇年代後半に刊行され、読者層が急速に拡大したことにより、広範な影響を与えたこととも深く関わっている。すなわち、この著作の刊行をきっかけに、「戦後民主主義の旗手」としての位置付けが固まり、本人の意図を超えて、時代を象徴する知識人とみなされるようになったのである。哲学者・小松茂夫が、マルクス主義から独立した社会科学者の集団として「丸山学派」を名指ししたのも、この頃である。丸山はこうして、自らを取り巻く「イメージの層」の厚さに疲れ、六〇年安保の頃には、「現実政治の問題に引っ張られるのはもうかなわない、いつまでたっても日本政治思想史の研究ができないと、強く感じていた」[28]という。

四　『現代政治の思想と行動』

日本の「戦後思想」における丸山の位置付けが確立するのは、『現代政治の思想と行動』の刊行によるところが大きい。この著作は、現在に至るまで、「戦後思想」を代表する書物として読み継がれている。ここでは、その内容をまとめるとともに、この著作の性格について考えてみたい。

『現代政治の思想と行動』は『日本政治思想史研究』に並ぶ丸山の主著である。後者が戦後の思想史研究の枠組みに多大な影響を与えた専門書であるのに対して、この著作は敗戦から一九六一年にかけて発表された論文を収録した政治論集である。収録された論文の大半は、研究者以外の読者を予想して書かれたものであり、多くの読者はこの著作を出発点として（あるいは『日本の思想』岩波新書、一九六一年、を手掛かりとして）、『日本政治思想史研究』に辿り着いたのではないか。丸山は後に、自らの思想的作業について、「本店」と「夜店」という喩えを用いて、思想史関係の仕事と現代政治に関わる仕事を区分している。しかし、これはあくまで便宜的な区分に過ぎず、現代政治論としてのこの著作の叙述は、思想史的な裏付けを備えていることにおいて、説得的なものになっているのである。そして、天皇制ファシズムを支えた権力構造及び精神構造に関する鋭利な分析、また戦後の民主化から逆コース、講和問題、安全保障問題など、現実政治への状況分析により、戦後日本において丸山の広範な影響力をもたらす原動力になった。

丸山が論じる主題には、自らも一兵士として動員された国家の崩壊を目の当たりにした戦争体験を思想化し、その権力構造及び精神構造を明らかにするという動機を見て取ることができる。それゆえ、『現代政治の思想と行動』を読むことは、帝国日本の崩壊とそれが規定した戦後の政治・社会状況にどのように向き合うのかという問いを引き受けることにつながるであろう。また、この著作は敗戦から六〇年安保に至るまでの広い時期を扱っており、政治と日常生活の関係が緊張感を持って論じられていた時代における、社会科学者の格闘の記録として読むこともできる。

丸山が戦後日本を代表する知識人として揺るぎない地位を占めてきたことは、彼の思想的作業を積極的に評価する人々だけではなく、彼を批判する人々も認める事実である。その理由については、様々な角度からの診断が可能であるが、あえて丸山のテクストの特質に絞って言うなら、アカデミズムとジャーナリズムを横断し、思想史研究と現代政治論を接合させるという「丸山政治学」の方法的立場から、多くの読者が現実の国家や社会を批判する言葉を与えられてきたことを指摘できよう。また、丸山のテクストが現代政治に対する多様な分析というスタイルをとっていることは、それらの書かれた時代に特徴的な知識人と市民の関係を想起させるものである。

『現代政治の思想と行動』はまず、一九五六年に上巻の初版、翌年に下巻の初版が、未來社から刊行された。さらに、六四年には上下巻を合わせて、二本の論文を削除し、初版刊行後に発表された三本の論文を追加したうえで、いくつかの論文に手を入れ、「追記および補註」を加えた増補版が、同じく未來社から刊行された。現在は増補版が普及しており、以下言及するのもこの版についてである。この著作は全体を三部に分け、敗戦直後から六一年までに発表された二〇編を収録している。内容についても、学術的な論文の体裁、講演調、書簡体、対話体など多彩である。

第一部「現代日本政治の精神状況」は、「日本ファシズム」をめぐる論文を収録しており、『現代政治の思想と行動』の中で最も注目を浴びてきたものである。戦後の論壇において丸山が一躍名を高めるきっかけを作った「超国家主義の論理と心理」を始め、「日本ファシズムの思想と運動」、「軍国支配者の精神形態」、「日本におけるナショナリズム——その思想的背景と展望」など、七編の論文から構成されている。占領期から発表された個々の論文が、このような形でまとまって提示されたことにより、丸山の議論は改めて脚光を浴びるようになった。

ここには、歴史研究に多大な影響を与えたマルクス主義が、政治と経済の関係をめぐって提起した問いに対する、丸山の格闘の記録を見て取ることができる。すなわち、上部構造としての政治は下部構造としての生産力・生産関係に対してどれほどの自律性を与えられるのかというマルクス主義の問いが、丸山においては強く意識されていた。個々の論文の内容については、すでに触れたので、ここでは繰り返さない。かつて論文が発表された時と異なるのは、「戦後民主主義の旗手」という新たなイメージを伴って論壇に受け入れられたことであろう。この著作の刊行は、本人の意図を超えて、「丸山政治学」の形成に大きく寄与したのである。

第二部「イデオロギーの政治学」は、ファシズムと同時に共産主義のイデオロギーの問題も論じており、五編の論文から構成されている。これらは、同時代の政治的争点や思想的対立軸を見定めることから、自らの政治観を明らかにすることを目指すものである。「西欧文化と共産主義の対立――ラスキ『信仰・理性及び文明』について」（『思想の科学』一九四六年八月号）と「ラスキのロシア革命観とその推移」（季刊『世界の社会科学』第二号、一九四九年一月）は、丸山が学生時代から関心を抱いていた政治学者ハロルド・ラスキに関する論文である。丸山は、マルクス主義からの転向が日本の思想界のモードになっていた時代に、ラスキが西欧民主主義と共産主義の「架橋」を試みていた点に、興味を持ったという。「西欧民主主義の自己批判を通じて共産主義を批判し、前者の転換を通じて後者をも転換させようとしたところに彼の本領があったのではあるまいか(29)」。ラスキについて、西欧が自らの内部からファシズムを成熟させたことに衝撃を受け、共産主義陣営に近付いて行った点に共感を寄せた丸山は、自己の内部にファシズムの萌芽を見出すという問題意識を共有していたのである。

一九五〇年代に発表された論文には、マッカーシズムの脅威、「スターリン批判」のインパクト、また「大衆社会論争」の影響など、新たな展開を見て取れる。先程も触れた「ファシズムの諸問題――その政治的動学についての考察」は、その代表的な論文である。また、「「スターリン批判」における政治の論理」（『世界』一九五六年一一月号）は、同年のソ連共産党二〇回大会における「スターリン批判」の論理の問題点について論じたものであり、「戦争責任論の盲点」とも密接な関係を持っている。これらの論文は、逆コースに伴うナショナリズムへの回帰が、冷戦構造の中での対米追従に他ならず、そうした傾向がまた大衆社会化という新たな状況とも結び付いていることに警鐘を鳴らすものである。

第三部「「政治的なるもの」とその限界」は、政治学の基本的な概念を整理した八本の論文を収録しており、「科学としての政治学――その回顧と展望」を始めとして、戦後新たに社会科学的知を立ち上げるに際し、政治学が目指す方向性を指し示すことを企図したものである。「科学としての政治学――その回顧と展望」の中での、「我国の政治学は極言すれば、「復活」すべきほどの伝統を持っていない[30]」という一文には、政治学の学問的自立を目指す若き丸山の意気込みを見て取ることができよう。このように書くことによって、「「政治学」と現実の政治とが相交渉しつつ発展したというようなためしがない[31]」過去を批判し、「現実科学としての政治学を科学として確立する[32]」ことを目指したのである。

「人間と政治」（『朝日評論』一九四八年二月号）、「権力と道徳――近代国家におけるその思想史的前提」（『思想』一九五〇年三月号）、「支配と服従」（『社会科学講座』第三巻、弘文堂、一九五〇年）、「政治権力の諸問題」（『現代政治の思想と行動』下巻、一九五七年）は、それぞれ「政治」という現象を構成する基本的な概念を整理したものである。また、「現代における態度決定」（『世界』一九六〇年七月号）、「現代における人間と政治」（『人間の研究叢書』四、有斐閣、一九六一年）には、六〇年安保前後の状況へのコミットメントを見て取ることができる。知識人としての丸山の立場は、後者における、「まるごとのコミットとまるごとの「無責任」のはざまに立ちながら、内側を通じて内側をこえる展開をめざすところにしか存在しない」[33]という文章に、象徴的に示されているであろう。

『現代政治の思想と行動』の内容については、丸山が最も精力的に論壇で活動していた時期に当たり、それが現実政治の趨勢にも深く関わっていただけに、様々な立場からの批判を巻き起こした。そうした反響を強く意識した彼は、増補版の刊行にあたって、八〇頁に及ぶ「追記および補註」を付けて、自説の補強を試みた。ここには、『現代政治の思想と行動』刊行の経緯と編集意図、各論文の書かれた動機とその背景にある問題意識、さらにそれに対する反響などが記されている。そうした態度は学問人としての丸山の完璧主義を反映したものであり、自らの思索の有効性に関する一層精密な省察のきっかけを与えた。

その一方で、「追記および補註」が各論文への批判をかなり困難にするほどの自己分析で満たされたことにも、留意する必要がある。すなわち、この自己分析が〝丸山眞男自身による丸山眞男論〟であることにおいて、揺るぎない正統性を持ってしまい、外部からの批判を寄せ付けないという機制を働かせる結果を招いたことも、否定できないのである。『現代政治の思想と行動』への反響が大きかっただけに、丸山は自らのテクストの〝正しい〟読みにこだわったのであろう。丸山が「増補版への後記」の中で、「私自身の選択についていうならば、大日本帝国の「実在」よりも戦後民主主義の「虚妄」の方に賭ける」[34]と述べているのも、戦後民主主義を「占領民主主義」の名において一括して「虚妄」とする言説に対する、彼の反批判から導き出されたものである。六〇年安保と前後して、丸山の時事問題へのコミットメントは後退し、彼は思想史研究に回帰する。

◇注

（1）清水幾太郎「日本人」『中央公論』一九五一年一月号（『清水幾太郎著作集』第一〇巻、講談社、一九九二年、一三―一四頁）。

（2）鶴見俊輔「戦争責任の問題」『思想の科学』一九五九年一月号（『鶴見俊輔著作集』第五巻、筑摩書房、一九七六年、三七頁）。

（3）竹内好「近代主義と民族の問題」『文学』一九五一年九月号（『竹内全集』第七巻、三三一頁）。
（4）同前、三三一頁。
（5）鶴見俊輔『竹内好――ある方法の伝記』リブロポート、一九九五年（『鶴見俊輔集・続』第四巻、筑摩書房、二〇〇一年、三四七頁）。
（6）竹内好「日本人の中国観」『展望』一九四九年九月号（『竹内全集』第四巻、一三頁）。
（7）丸山眞男「日本におけるナショナリズム――その思想的背景と展望」六六頁。
（8）同前、六七頁。
（9）同前、五九頁。
（10）同前、七六頁。
（11）丸山眞男「『日本政治思想史研究』あとがき」二八五―二八六頁。
（12）丸山眞男「『現代政治の思想と行動』第二部　追記」丸山眞男『現代政治の思想と行動』下、未來社、一九五七年（『丸山集』第七巻、一一頁）。
（13）丸山眞男「ファシズムの現代的状況」『福音と世界』一九五三年四月号（『丸山集』第五巻、三〇二頁）。
（14）同前、三一八頁。
（15）「忘れられた思想家」とは、E・ハーバート・ノーマン『忘れられた思想家――安藤昌益のこと』（岩波書店、一九五〇年）を踏まえたものである。
（16）丸山眞男「E・ハーバート・ノーマンを悼む」『毎日新聞』一九五七年四月一八・一九日（『丸山集』第七巻、六六頁）。

（17）「三たび平和について」『世界』一九五〇年一二月号（『丸山集』第五巻、一〇頁）。
（18）丸山眞男「戦争責任論の盲点」『思想』一九五六年三月号（『丸山集』第六巻、一六二頁）。
（19）同前、一六三頁。
（20）「（討論）戦争責任について」『思想の科学会報』第一七号、一九五七年三月二〇日、二三頁。
（21）同前、四一―四二頁。
（22）竹内好「戦争責任について」『現代の発見』第三巻、春秋社、一九六〇年（『竹内全集』第八巻、二一六頁）。
（23）同前、二一六頁。
（24）同前、二一七頁。
（25）丸山眞男「選択のとき」『みすず』一九六〇年八月号（『丸山集』第八巻、三四七頁）。
（26）同前、三五〇頁。
（27）丸山眞男「復初の説」『世界』一九六〇年八月号（『丸山集』第八巻、三五七―三五八頁）。
（28）丸山眞男「サンフランシスコ講和・朝鮮戦争・六〇年安保――平和問題談話会から憲法問題研究会へ」『世界』一九九五年一一月号（『丸山集』第一五巻、三三九頁）。
（29）丸山眞男「『現代政治の思想と行動』第二部　追記」八頁。
（30）丸山眞男「科学としての政治学――その回顧と展望」一三五頁。
（31）同前、一三六頁。
（32）同前、一四六頁。
（33）丸山眞男「現代における人間と政治」丸山眞男編『人間と政治』有斐閣、一九六一年（『丸山集』第九巻、四四頁）。

(34) 丸山眞男「『増補版　現代政治の思想と行動』への後記」丸山眞男『増補版　現代政治の思想と行動』未來社、一九六四年（『丸山集』第九巻、一八四頁）。

第四章　丸山眞男の思想史論

一　思想史の方法をめぐって

戦後民主主義への対抗言説は、一九六〇年代の高度成長期に、はっきりとした形をとって表れた。五〇年代後半から始まった「大衆社会論争」では、冷戦体制下での経済的受益者として登場した「大衆」が、市民社会の担い手としての「市民」とは異なり、しばしば政治的無関心をその政治的特徴とすることを踏まえて、次のような問題提起がなされたのである。すなわち、日本のマルクス主義が硬化して、現代社会の分析として適応しなくなっているのではないか、また近代主義の理論が封建と近代という段階だけを考えているのに対して、近代には市民社会と大衆社会という二段階があるのではないか（松下圭一「日本における大衆社会論の意義」『中央公論』一九五七年八月号）。このような問題提起は、近代主義者に普遍史的な発展段階論を見直させる契機ともなったのである。

また、「近代化論」の台頭も、戦後の近代主義と民主主義をめぐる議論に大きな影響を与えた。「近代化論」とは、ロストウ、ライシャワーらアメリカの学者によって一九五〇年代から提唱された理論であり、それは上からの近代化を進めた後発諸国も西欧諸国とは異なった過程を辿りつつ、最終的には同じ高度産業社会へと進化するというものであった。日本駐在大使として来日したライシャワーは、経済学者・中山伊知郎との対談「日本近代化の歴史的評価」(『中央公論』一九六一年九月号)の中で、日本の近代化を非西欧における模範的成功例と位置付けたが、そこには冷戦体制下でのアメリカの対アジア政策を正当化する目的があった。こうした議論は、高度成長下の富裕化する社会における大国意識の醸成とあいまって、影響力を拡大していったのである。そのような立場は、日本社会における「前近代的なもの」を告発する近代主義とは、相容れなかった。

丸山の議論にも、こうした時代状況との対応関係を見出すことができる。彼は一九五〇年代後半から、それ以前の論文には濃厚に見られた普遍史的な発展段階論を修正し始めるが、この点については、米谷匡史が指摘しているように、「一九五〇年代の丸山は、近代社会の矛盾がファシズムという反革命を呼び起こしかねないという危機感から、伝統の前近代性を批判する普遍史的な近代化論を見直し、「伝統」と「近代化」の新たな接合を模索しつつあったのである」(1)。その方向性は、「日本の思想」において、「超《スーパー》近代と前近代とが独特に結合している日本の「近代」の性格」(2)を構造的に明らかにし、諸思想が雑居する日本の思想状況を無構造の伝統と捉える方法的立場として展開される。それは、日本において、超近代的要素としての大衆社会化が前近代的要素と結び付いているという状況分析に基づくものである。第三章で検討した「ファシズムの諸問題――その政治的動学についての考察」を始めとするファシズム批判は、丸山がそうした近代社会の矛盾を見極めていく過程を辿るうえでも、示唆を与えるものである。

こうした変化について、丸山は「原型・古層・執拗低音――日本思想史方法論についての私の歩み」の中で、戦中・戦後の思想的作業を振り返る形で、「普遍史的な歴史的発展段階があることを当然の前提として思想史をも考えていた[3]」と述懐している。また、戦後日本の政治・社会状況について、幕末開国期の似たような状況が想起され、思想史の分析にも、「「横から」の急激な文化接触という観点を加えることがどうしても必要と考えるようになった[4]」と述べている。それは、『日本政治思想史研究』に収録された論文を始めとする戦中のテクストでは、近代的思惟の内在的発展を描く普遍史的な発展段階論が基礎となっていたのに対して、一九五〇年代を通してその方法的視座が徐々に修正され、五七年に「日本の思想」が発表されて以降、その流れが顕在化することを示している。さらに、思考の枠組みとしての「古層・執拗低音」が外来思想を変容させるパターンを分析するに至り、七二年に「歴史意識の「古層」」が発表されることになる。

六〇年安保に先立つ一九五八年、丸山は座談会「戦争と同時代――戦後の精神に課せられたもの」の中で、「ほんとに、この一、二年というもの、精神的にスランプを感じるんです[5]」と語り、自らの研究の方向性について、次のように迷いを吐露している。

つまり大げさだけど、ぼくの精神史は、方法的にはマルクス主義との格闘の歴史だし、対象的には天皇制の精神構造との格闘の歴史だったわけで、それが学問をやって行く内面的なエネルギーになっていたように思うんです。ところが、現在実感としてこの二つが何か風化しちゃって、以前ほど手ごたえがなくなったんだ。[6]

丸山はマルクス主義も天皇制も、「昔ほど堅固な実体性をもってぼくに迫ってこなくなった[7]」という。そして、徐々に、現代日本の政治・社会状況を論じることから離れ、思想史の研究に集中するようになる。丸山が「原型」(prototype)、次いで「古層」というような言葉を持ち出すのは、一九六〇年代以後である。また、東大の講義でも、五九年度には、それまで江戸時代から始めていた講義を古代まで遡らせて、話すようになった。そこには、天皇制について、近代だけではなく、古代以来の天皇制的な精神構造を、つまり記紀神話から近代日本まで通底する「原型」を問題にするという姿勢が表れている。本章では、丸山の思想史の方法的立場の変遷を辿ることにより、それ以前の議論からどのような展開が試みられたのか、という問題について検討する。

二　普遍史的な近代化論から複数の近代化論へ

「日本の思想」は岩波新書『日本の思想』に収録されたことにより、現在でも広く読まれる論文である。丸山が久し振りに書いた思想史の領域の研究であり、しかもその後の研究の方向性を示している点においても興味深い。彼がこの中で指摘しているのは、日本の思想史の特殊性である。その理由は、日本の思想の歴史が構造化されないこと、すなわち日本の思想史が座標軸を欠くことにある。

> あらゆる時代の観念や思想に否応なく相互連関性を与え、すべての思想的立場がそれとの関係で（中略）自己を歴史的に位置づけるような中核あるいは座標軸に当る思想的伝統はわが

国には形成されなかった（中略）。私達はこうした自分の置かれた位置をただ悲嘆したり美化したりしないで、まずその現実を見すえて、そこから出発するほかはなかろう。[8]

このように述べて、丸山は、日本で知性史や精神史の研究が少ないのは、「中核あるいは座標軸に当る思想的伝統」の不在の表れであるとする。ゆえに、「およそ千年をへだてる昔から現代にいたるまで世界の重要な思想的産物は、ほとんど日本思想史のなかにストックとしてある」[9]ものの、それらは並列的で、時代によりいずれかが浮沈するだけで、相互に関連付けられたり、構造化されたりすることがない。そして、「そこから出て来るさまざまの思想史的問題の構造連関をできるだけ明らかにしようとすること」[10]が、ここでの課題とされた。そうした特質を、丸山は後に、思考様式と世界像の「原型」（prototype）と名付ける。ここでの思想的課題は、かつてのような日本社会の「前近代性」を批判することや、伝統思想の中に「近代的なもの」の萌芽を探り出すことではない。むしろ、様々な思想の雑居という無構造性を作り出したのはなぜかを辿ることが、主たる問題関心である。

その「座標軸」の有無を、丸山はササラとタコツボという比喩を用いて説明する。すなわち、キリスト教のような機軸のある西洋は、根源が一つになっているササラ型で、そうした機軸を欠く日本が、タコツボ型であるという。さらに、戦前の日本では、国体あるいは天皇制が曲がりなりにもタコツボ間をつなぐ機軸の役割を果たしていたが、それは「人格的主体（中略）の確立にとって決定的な桎梏となる運命をはじめから内包」しており、機軸の要件を満たさない「エセ「精神的機軸」」であった[11]。ただ、「私達はヨーロッパにおけるキリスト教のような意味の伝統を今から大急ぎで持とうとしても無理」である以上、「問題はどこまでも超《スーパー》近代と前近代とが独特に結合している日本の「近代」の性格を私達自身が知ることにある」という[12]。それは、「日本の「近代」のユニークな性格を構造的にとらえる努力――思想の領域でいうと、いろいろな「思想」が歴史的に構造化されないようなそういう「構造」の把握」[13]を要請する。丸山によると、近代日本では、明治維新後の西洋思想の流入によって伝統思想が断片化し、輸入思想を整序する原理として機能しなかった。そのために、伝統思想は西洋思想と正面から対決せず、自覚化されることがないままに潜在し、突然何の脈略もなく「思い出」として噴出することになるという。

丸山は『日本の思想』の「あとがき」の中で、「日本思想史における思想の継受の仕方、「外来」思想の移植と「伝統」思想の対応形態といったものを全体として問題にし、そのなかで個々の思想を位置づける[14]」必要があるという。そして、彼は「日本の思想」を書き上げ、「こうして現在からして日本の思想的過去の構造化を試みたことで、はじめて従来より「身軽」になり、これまでいわば背中にズルズルとひきずっていた「伝統」を前に引き据えて、将来に向っての可能性をそのなかから「自由」に探って行ける地点に立ったように思われた[15]」と述べている。それによって、従来はネガティヴに捉えられた伝統的思想の中にも、ポジティヴな契機を読み取ることができるようになったという。丸山は、「完結した思想として、あるいは思想の実践的結果としては「反動」的なもののなかにも「革命的」な契機を、服従の教説のなかにも反逆の契機を、諦観のなかにも能動的契機を、あるいはそれぞれの逆を見出していくような思想史的方法[16]」を実践するようになる。

「忠誠と反逆」は、その最も重要な研究の一つである。丸山は、「君、君たらずとも、臣、臣たらざるべからず」という句に表される日本の「封建的忠誠」の中に、近代日本において次第に失われていった抵抗・反逆の精神を逆説的に見出すことを試みる。第三章で検討したように、彼は一九五〇年代のファシズム批判の中で、大衆社会の出現について、中間勢力が没落し、伝統を掘り崩して近代化が進行することに注意を促していた。それを受けて、「忠誠と反逆」では、中間勢力の自主性を解体して進んだ「一君万民の天皇制的な集中」による日本の近代化のあり方が、抵抗の精神を減衰させたことに着目している。すなわち、「中間勢力の自主性（中略）の伝統が、近代日本においてなぜ自発的集団のなかに新しく生かされなかったのか[17]」を問うことが、ここでの主たる問題関心である。

丸山は、「封建的忠誠」に見られる武士の非合理的主体性とでもいうべきエートスとそのダイナミックな行動的エネルギーが、どのような逆説のもとに近代につながっていくのかに注目する。とりわけ、福沢諭吉の議論を参照する箇所に、この論文を貫く問題意識がよく表れている。丸山は、福沢が西南戦争を念頭において「日本国民抵抗の精神」を説いた『丁丑公論』を取り上げ、「福沢はむしろ非合理的な「士魂」のエネルギーに合理的価値の実現を託した」[18]として、次のように述べている。

たしかに福沢は「封建的忠誠」の分解をラディカルに押しすすめたが、その作業は、単純に「封建的」に代って「近代的」なものをすげかえるのではなくて、現実に進行していた解体を利用して、その構成契機の役割を転換させることにあった。封建的忠誠における外面化の傾向をしてむしろ徹底させ、これをパブリックなものに高めよ。そのことによって私的＝心情的契機はかえって個人の内面に定着するだろう――これが維新後の「集団転向」の現実を前にした福沢の苦肉の処方箋であった。[19]

このように、丸山は、『丁丑公論』における「抵抗の精神」の力説と、『学問のすゝめ』や『文明論之概略』における「人民独立の気象」の要請とは、福沢において密接につながっていたという。「逆に、謀叛もできないような「無気無力」なる人民に本当のネーションへの忠誠を期待できるだろうかというのが、幕末以来十余年のあわただしい人心の推移を見た福沢の心底に渦まく「問題」だったのである」[20]。この「問題」の発見には、以前の福沢論とは異なる、丸山の問題関心の変化がうかがわれる。すなわち、ここには、伝統と切り離された近代社会が大衆社会へと頽廃し反革命としてのファシズムを招く危険を見て、丸山が伝統社会には備わっていたものの近代化につれて失われていく抵抗の精神や中間勢力の自主性に着目していくところに、新たな議論の展開を見て取ることができるのである。

さらに、「日本の思想」以降の議論の推移を考えるうえで見逃せないのは、丸山における比較に関する方法論の導入である。彼の思想史研究の方向性は、「文化接触による思想変容の問題を日本思想史の考察に大きく導入しようと試みるようになったこと」[21]により変化し、それは「開国」という問題の思想史的な意味を考えながら、最初の文化接触にまで辿る作業として結実した。丸山は「幕末開国期の思想史的な位置」を、「「閉じた社会」から「開いた社会」への相対的な推移」という「象徴的な事態」と一回的な「歴史的現実」という「二つの側面からの照明が交錯する地点に求め」る。[22]彼によると、日本社会は三つの開国を経験した。「第一の開国」は室町時代末期から戦国時代にかけてであり、その後、徳川幕藩体制における鎖国に至った。「第二の開国」はその鎖国を解き放った幕末維新期であるが、再び天皇制国家という「閉じた社会」の成立に帰着した。それについては、「無数の閉じた社会の障壁をとりはらったところに生まれたダイナミックな諸要素をまさに天皇制国家という一つの閉じた社会の集合的なエネルギーに切りかえて行ったところに「万邦無比」の日本帝国が形成される歴史的秘密があった」[23]と述べている。そして、「第三の開国」は敗戦後である。

松沢弘陽が指摘しているように、丸山が「開国」を主題化したことには、次のような問題関心があった。[24]第一に、丸山において、敗戦後の思想状況は、この論文で中心的に描かれる明治初期のそれと似通っていたことである。それゆえ、彼は、幕末開国期における鎖国から開国への推移と、近代天皇制の鎖国から敗戦による開国への変化を、重ねて理解するようになった。第二に、思想史の方法論をめぐる問いである。丸山はかねてより、マルクス主義に支配的であった一国史的な発展段階論に疑問を抱いていた。日本の歴史においても、古代から中国文化の影響を受けたことを始めとして、文化接触のたびに大きな変動を経験したはずである。このような関心から、彼は日本思想史における文化接触の意味についての関心を深めていった。

丸山は「開国」において、「第二の開国」を中心に論じている。「閉じた社会」と「開かれた社会」を分けるものについて、「開かれた社会への展開をもっとも象徴的に示すものは民間ジャーナリズムの発達である」[25]という。とりわけ、彼が注目するのは、明治初期の自主的結社の代表である明六社である。

明六社のような非政治的な目的をもった自主的結社が、まさにその立地から政治を含めた時代の重要な課題に対して、不断に批判して行く伝統が根付くところに、はじめて政治主義か文化主義かといった二者択一の思考習慣が打破され、非政治的領域から発する政治的発言という近代市民の日常的なモラルが育って行くことが期待される。その意味では、この明六社が誕生わずか一年余りで讒謗律、新聞紙条令といった維新政府の言論弾圧によって解散しなければならなかったということは、近代日本における開いた社会の思考の発展にとって象徴的な出来事であった。[26]

ここで言われる「非政治的領域から発する政治的発言」という役割は、戦後民主主義を支える「非政治的な市民の政治的関心」[27]と重なるであろう。そこには、丸山が幕末維新期にあった自主的結社の可能性を、戦後社会において参照し得るものと考えていたことをうかがわせる。それは、「第三の「開国」の真只中にある私達は、歴史的な開国をただ一定の歴史的現実に定着させずに、そこから現在的な問題と意味とを自由に汲みとることが必要と思われる[28]」と述べていることに明らかである。

また、思想史研究を記紀の時代にまで遡及させたのは一九五九年であり、さらに「「外来」思想を「日本化」させ、修正させる契機として繰返し作用する思考のパターンを世界像の「原型」(prototype)という名の下に取扱うようになったのは、一九六三年[29]」のことである。そして、その議論の展開は、「普遍史的な発展段階論の否定を伴わずにはいられな」かったのであり、「その限りで、私は『日本政治思想史研究』が疑いもなく、まだその大きな網のなかにあった、マルクス主義的な歴史認識論との距離をさらに大きくした[30]」。

このような、普遍史的な発展段階論への批判は、「複数の近代がある」という着想を導き出すことになる。「普遍の意識欠く日本の思想――丸山眞男氏を囲んで」の中では、近代化の過程について、日本がアジア諸国と違った道を歩んだことを指摘したうえで、次のように述べている。

> そこでは「近代化」の問題と関連して、ちがったパターンの近代化がありうる。典型的、

つまりThe「近代化」があるのではなく、複数「近代化」がある。日本の近代化のパターンと中国の「近代化」のパターンは同じでないし、また同じである必要もない。日本の「近代化」とヨーロッパの「近代化」はまたちがうように。そういう考えは戦後強くなった考えで、「日本政治思想史研究」を書いた当時には、The「近代化」を基準にしてどこまで近代化しているかを考えていました。しかし「近代化」の内容については、すくなくともその当時のマルクス主義者の考えていた「近代化」の発展段階のとり方には不満でした。しかし、The「近代化」があると考えていた。複数の「近代化」があり、その比較が問題なのだという考えは当時はなかったわけです[31]。

このように、マルクス主義の発展段階論は、「複数の「近代化」」の比較という歴史的視座を示すことで修正が図られた。しかし、それにもかかわらず、朝鮮について停滞論的認識が持続的にあったことは、「原型・古層・執拗低音――日本思想史方法論についての私の歩み」の中で、日本が文明に対して、「併呑もされず、無縁にもならないで、これに「自主的」に対応し、改造措置を講じる余裕をもつ」雨漏り型なのに対し、朝鮮は「高度な文明の圧力に壁を流されて同じ文化圏に入ってしまう」洪水型とされる箇所に明らかである[32]。この点については、趙景達が指摘していたように、「そこには文字通りの停滞論ではないが、朝鮮は自主的発展性のない国だという認識が働いており、戦後の朝鮮史研究者が克服しようとしてきた戦前の他律性史観がなお横たわっていたといえる(33)」。

三　「古層」論

「歴史意識の「古層」」は、さらに日本思想への問題関心を展開したものである。丸山は「日本の思想」の中で、日本思想史の包括的研究がないのは、日本の思想に「座標軸」がないためであると述べた。それゆえ、思想が歴史的に構造化されないこと、いわば無構造の伝統の構造とでも言うべき日本の思想の性格を把握しなければ、日本の近代をめぐる議論も発展しないというのが、彼の実感であった。「古層」論は、そうした論調を引き継ぐ形で書かれたものである。この論文の目的について、丸山は次のように述べている。

主としていわゆる記紀神話、とくにその冒頭の、天地開闢から三貴子誕生に至る一連の神話に、たんに上古の歴史意識の素材をもとめるにとどまらず、そこでの発想と記述様式のなかに、近代にいたる歴史意識の展開の諸様相の基底に執拗に流れつづけた、思考の枠組をたずねる手掛りを見ようというのが、本稿の出発点である。[34]

そのうえで、「歴史意識の「古層」」では、歴史意識の「基底」をなす三つの範疇として、「なる」、「つぎ」、「いきほひ」が抽出される。このような、記紀神話の叙述から抽出する発想様式を、丸山は歴史意識の「古層」と呼ぶ。「「古層」は、直接には開闢神話の叙述あるいはその用字法の発想から汲みとられているが、同時に、その後長く日本の歴史叙述なり、歴史的出来事へのアプローチの仕方なりの基底に、ひそかに、もしくは声高にひびきつづけてきた、執拗な持続低音（basso ostinato）を聴きわけ、そこから逆に上流へ、つまり古代へとその軌跡を辿ることによって導き出されたもの[35]」である。そうした問題関心の基礎には、次のような「歴史的現実」が横たわっているという。

われわれの「くに」が領域・民族・言語・水稲生産様式およびそれと結びついた聚落と祭儀

の形態などの点で、世界の「文明国」のなかで比較すればまったく例外的といえるほど等質性《ホモジエニテイ》を、遅くも後期古墳時代から千数百年にわたって引き続き保持して来た（後略）[36]

そのうえで、丸山が取り出した三つの範疇とは、次の通りである。「なる」とは、旧約聖書創世記における「つくる」と異なり、記紀神話が宇宙の創成を「なる」という語によって説明していることを指す。「なる」には、「つくる」論理におけるような、主体への問いと目的意識性が鮮烈に表れない点に特徴があるという。「つぎ」とは、親子の継承（相続）と兄弟の順次的出生について使われる語で、世界の連続的展開という発想の表現である。これにより、天皇制に代表される「連続的無窮性」が正統性根拠となる理由が説明される。「いきほひ」については、日本の価値意識を特徴的に示すものとして、「いきほひ＝徳」という用法が注目される。「時勢」や「天下之大勢」という概念が歴史意識において用いられるようになるが、そこでは規範主義的な価値判断から区別されていることが述べられる。以上の三つの「基底範疇」をまとめた「つぎつぎになりゆくいきほひ」という発想が、日本の歴史意識の「古層」である。

この「古層」は、その後の歴史的思考の「主旋律」（仏教・儒教・ヨーロッパ思想など）を「日本的」に修正・変容させる契機であるという。すなわち、それは「歴史的思考の主旋律」ではないが、その旋律を変容させる「執拗な持続低音」であると、丸山は形容している。こうした問題関心は、『日本政治思想史研究』で描いた歴史像の修正を促すことになる。かつての丸山は、朱子学的思惟様式の崩壊が、仁斎学・徂徠学・宣長学によって進行するという構図を描き、その思惟様式の変容のうちに近代的思惟の成長過程を読み取った。それに対して、「歴史意識の「古層」」では、「江戸時代の歴史的ダイナミズムが、「近代化」の一方進行ではなくて、むしろ近代化と「古層」の隆起との二つの契機が相剋しながら相乗するという複雑な多声進行にあった」(37)と見なすようになる。また、「トータルな革命にしてはあまりに穏和《モデレート》な、維新変革の性格(38)」も、それが「近代化」という点で不徹底であったとか、限界があったとかというだけではなく、それが「「古層」の隆起」と相乗した旧体制の解体過程にあったことに起因するとされる。ここでは、近代化とそれをはばむような「古層」=「執拗低音」の相剋が問題化されているのである。

ただ、「古層」論には、これが書かれた時の丸山の問題意識を反映しているためか、ペシミスティックな色合いが濃く表れている。その点については、現在も読者に戸惑いを与えているようである。石田雄は、丸山が日本社会について、「まったく例外的といえるほど等質性《ホモジエニティ》」を保持して来たと書いた文章に触れて、次のように述べている。「それにしてもこの一節は、近代日本の国民国家における、創られた伝統としての等質性の神話というものを後期古墳時代まで遡らせたという点で、明らかに丸山にとって勇み足であったと私は思います」[39]。丸山は、「完結的イデオロギーとして「日本的なもの」をとり出そうとすると必ず失敗するけれども、外来思想の「修正」のパターンを見たらどうか。そうすると、その変容のパターンにはおどろくほどある共通した特徴が見られる」[40]と述べた。つまり、完結したイデオロギーと変容のパターンは区別されるのであり、自分は変容のパターンを論じているのであるから自分の警告した失敗には陥らないと言った。しかし、この区別は十分に説得的ではないであろう。丸山の議論は、近代国民国家の枠組みを古代まで持ち込む、文化本質論と変わるものではない。

もともと、丸山が歴史に遡って日本思想の特徴を議論し始めたのは、日本の「超国家主義」の問題究明の延長として、日本帝国を破局に導いたそもそもの原因を探ることに、その動機を持っていた。しかし、それが「日本的なもの」を探求しようとする営みになった時に、「古層」論で明らかにされたその特徴的な思考様式は、いわば宿命的なものになってしまったのである。丸山自身は、普遍的と対置される特殊性ではなく、「日本文化の個体性」を指摘するものであると述べているが[41]、それがある種の文化的決定論として宿命論に陥る危険性を持っていることは、拭い去れないのではないか。

四　丸山眞男論の射程

一九九〇年代以降、丸山をめぐる議論は新たな展開を見せた。そこでは、それまで影響力を保持してきた批判的知が、その有効性を問われたが、それは主に、日本の敗戦＝脱植民地化が軍事的敗北を契機として他律的に進行したことにより、アジアとの「断絶」、アジアの「忘却」が容易に進んだという状況に対する批判として提示された。改めてアジア・太平洋戦争に関わる戦争責任・戦後責任の問題が問われたことは、植民地・侵略問題への知識人の立場性を問い直す原動力となったのである。

丸山をめぐる問いもまた、そうした「戦後の再審」という試みの中から展開された。それは、彼を戦後日本の代表的な知識人と見なしてきた時代への問いかけとしてあった。姜尚中は戦後の丸山の国民主義論について、丸山にとっての「日本」が植民地帝国の記憶を「忘却」した戦後日本のナショナルな空間に収まるものであると指摘して、在日朝鮮人や沖縄人などマイノリティへの視座が欠落していると批判した。

丸山が呼び出されている戦後50年の現在が、「丸山以前」に立ち戻りつつあるとすれば（大江健三郎の「いまわが国で若い知識人たちは丸山以前に戻っています」という発言を受けて——引用者注）わたし個人について言うと、断固として丸山を擁護したい。ただし、それは決して「まるごと肯定」の意味においてではない。なぜなら、「まるごと肯定」と「まるごと否定」の非対称的な関係にもかかわらず、実際には両者に共通する前提があり、しかもそれがほぼ半世紀にわたって忘却されてきたからである。すなわち、それは植民地帝国の記憶の忘却であり、この忘却の上に戦後の「日本人」の「国民共同体」（national community）の戦後50年が語り継がれてきたと思われるからである。丸山の学問的な言説もまたそうした忘却と無縁ではなかったし、むしろその上にはじめて生い茂った巨木であったとも言えるのだ。[42]

こうした批判は、戦後の丸山において、国民共同体としての戦後日本の再出発が植民地帝国の過去の「忘却」と同時に進行したとする告発であった。それはまた、戦後という半世紀以上に及ぶ時／空間の相対的な価値決定の問題に関わっていた。姜はここで、丸山とともに、矢内原忠雄や南原繁など戦後啓蒙派の知識人における「内的国境」の自明性を指摘して、植民地帝国の記憶を「忘却」することによってかなえられた「忘却の共同体」への批判を展開したのである。そして、戦後日本におけるアジア論の「不在」、「忘却」、「隠蔽」という論点を思想分析に持ち込む議論は、姜に限ったことではなく、戦後の国民主義を批判する論者に共有されていた。

こうした批判に対して、政治学や思想史研究者が、その内部から積極的に応答した形跡はほとんど見られない。例外として、石田雄は、姜が「丸山におけるエスニシティとジェンダーの視点の欠如」を指摘したことに触れて、「たしかに丸山が植民地の問題に触れた箇所を発見することはきわめてむずかしい」としながらも、その問題は看過されるべきではないと応答した。[43]それは、『記憶と忘却の政治学――同化政策・戦争責任・集合的記憶』（明石書店、二〇〇〇年）を著すなど、戦後日本における戦争体験論の再検討と植民地帝国の記憶の問題に積極的に取り組んだ石田ならではの反応である。

しかし、そもそも、姜に見られるような、告発という批判のあり様は、このように、戦後の丸山にエスニシティの視点が「欠如」している「誤り」を認めさせるという方向性でしか、議論が決着しないものである。その意味において、丸山が何らかの形でアジアと向き合ってきた現実を、外在的＝超越的な視点から裁くことにはならないか。その批判の方向性は、意図せずして、戦中から戦後の丸山のテクストに植民地帝国／冷戦構造の刻印があることを見逃してしまうのではないか。確かに、姜の批判は、戦後の終焉に立ち会った者が、その歴史化を試みることに他ならなかった。だが、同時に、現在を生きる論者が、戦後日本の外部に立って、丸山の思想的作業の無効を宣言するなら、丸山がとってきた立場を「断罪」するという結果しか招かないのではないか。

中野敏男はこうした状況を踏まえたうえで、次のように述べた。「まず深刻に見つめておきたいのは、「戦後日本」において「戦争への反省」は確かにあったはずなのに、それが結局は「アジアの民衆の声、被害者たちの声」に直面しなくなってしまう思想的な理由である」[44]。そして、丸山の戦争責任論についても、「「責任」への問いかけに対して、「主体形成」をもって応えるというこの「応答」についての思想的かつ歴史的な総括と批判にまで行き着かねばならない」[45]とした。この問題提起は、丸山のテクストをめぐる閉塞した議論を乗り越えるために重要であろう。

本書で試みたことは、中野が問題提起をしたように、丸山をめぐる議論を前進させるための視座を獲得することである。そのために、いま一度、戦中・戦後の丸山のテクストを辿りながら、彼が論じたこと／論じ得なかったことを、同時代の思想空間の中で明らかにすることを心がけた。丸山における戦中と戦後の間の問題を考える際、戦後の彼が帝国日本の政治・社会体制への批判的立場を打ち出すにあたって、天皇制に関する認識の変化に見られるように、自らの立場性を根本から自己批判することによって、新たな議論の地平を開いたことは確かである。その一方で、戦中から敗戦直後の丸山が下敷きとしていた「アジア停滞論」は、帝国日本が現実に侵略者としてアジアとの関わりを深めていることに対して、本来の意味での批判的視座にはなり得なかった点については、戦後深く追及されることがなかった。日本の「戦後思想」が、どのような意味でアジアの「戦後」と関わってきたのかを検証する作業は、今後さらに進められなければならない。

◇注

(1) 米谷匡史「丸山真男の日本批判」一四六頁。
(2) 丸山眞男「日本の思想」『岩波講座　現代思想』第一一巻、岩波書店、一九五七年(『丸山集』第七巻、一九四頁)。
(3) 丸山眞男「原型・古層・執拗低音——日本思想史方法論についての私の歩み」加藤周一・木下順二・丸山眞男・武田清子『日本文化のかくれた形』岩波書店、一九八四年(『丸山集』第一二巻、一二一頁)。
(4) 同前、一二三頁。
(5) 宇佐見英治・宗左近・曾根元吉・橋川文三・丸山眞男・安川定男・矢内原伊作「戦争と同時代——戦後の精神に課せられたもの」二三四頁。
(6) 同前、二三四頁。

（7）同前、二三四頁。
（8）丸山眞男「日本の思想」一九三―一九四頁。
（9）丸山眞男「『日本の思想』あとがき」丸山眞男『日本の思想』岩波書店、一九六一年（『丸山集』第九巻、一一四頁）。
（10）同前、一一四頁。
（11）丸山眞男「日本の思想」二四二頁。
（12）同前、一九四頁。
（13）同前、一九四頁。
（14）丸山眞男「『日本の思想』あとがき」一一四頁。
（15）同前、一一四―一一五頁。
（16）同前、一一五頁。
（17）丸山眞男「忠誠と反逆」『近代日本思想史講座』第六巻、筑摩書房、一九六〇年（『丸山集』第八巻、二七五頁）。
（18）同前、二〇六頁。
（19）同前、二〇六頁。
（20）同前、二〇六頁。
（21）丸山眞男「思想史の方法を模索して――一つの回想」『名古屋大学法政論集』第七七号、一九七八年九月（『丸山集』第一〇巻、三四二頁）。
（22）丸山眞男「開国」『講座　現代倫理』第一一巻、筑摩書房、一九五九年（『丸山集』第八巻、四五―四六頁)。
(23)同前、八五頁。
(24)松沢弘陽「解題」『丸山集』第八巻、三九八―四〇〇頁。
(25)丸山眞男「開国」七八頁。
(26)同前、八三―八四頁。
(27)丸山眞男「「である」ことと「する」こと」『毎日新聞』一九五九年一月九・一〇・一一・一二日(『丸山集』第八巻、三八頁)。
(28)丸山眞男「開国」四七頁。
(29)丸山眞男「思想史の方法を模索して――一つの回想」三四二頁。
(30)同前、三四三頁。
(31)丸山眞男「普遍の意識欠く日本の思想――丸山眞男氏を囲んで」『一橋新聞』一九六四年七月一五日号(『丸山集』第一六巻、五四頁)。
(32)丸山眞男「原型・古層・執拗低音――日本思想史方法論についての私の歩み」一四二頁。
(33)趙景達「アジア史研究から見た丸山政治思想史学」『未来』二〇〇六年八月号、一六頁。
(34)丸山眞男「歴史意識の「古層」」『日本の思想』六、筑摩書房、一九七二年(『丸山集』第一〇巻、四頁)。
(35)同前、七頁。
(36)同前、七頁。
(37)同前、四八―四九頁。

(38) 同前、五八頁。
(39) 石田雄『丸山眞男との対話』一七一頁。
(40) 丸山眞男「原型・古層・執拗低音——日本思想史方法論についての私の歩み」一四六頁。
(41) 同前、一三五頁。
(42) 姜尚中「丸山眞男における〈国家理性〉の問題」『歴史学研究』第七〇一号、一九九七年九月、一四一—一五頁。引用部分は、佐伯啓思ら「新保守主義」を掲げる論者が、戦後民主主義の「虚妄」をあげつらう見解に対して述べられている。
(43) 石田雄『丸山眞男との対話』一七六頁。
(44) 中野敏男「〈戦後〉を問うということ「責任」への問い、「主体」への問い」『現代思想』二〇〇一年七月臨時増刊号、二九五頁。
(45) 同前、二九八頁。

第五章　橋川文三の戦中／戦後

一　戦時期の橋川文三

橋川文三が敗戦を迎えたのは、東京帝国大学法学部政治学科四年の時である。卒業後は、出版社に勤務するかたわら、一時期、大学の講師も勤めていた。しかし、その生活は困窮を極めたという。一九五一年から五五年までは、結核のため、療養生活を余儀なくされた。橋川の死後公表された日記は、四九年から五一年まで（療養所に入るその日まで）の生活を記録しているが、そうした日常の中でも、彼が学問への旺盛な関心を抱き続けていたことをうかがわせる。(1)

橋川の本格的な著作活動は、一九五七年三月から『同時代』に「日本浪曼派批判序説――耽美的パトリオティズムの系譜」を連載発表したことに始まる。それは実に、長い苦闘を経て辿り着いた彼の思索の結晶であった。橋川と親交のあった友人は、四八年頃に彼が「日本浪曼派批判序説」のもとになるものを書いていたと証言している。(2)結局それは公刊されなかったものの、橋川は自らの浪曼派体験の思想化を避ける形では、戦後を始めることができないと考えたのであろう。それゆえ、彼の戦中／戦後を辿るには、やはり日本浪曼派との出会いに返らなければならない。

橋川は一九三九年、第一高等学校に入学するため、故郷の広島から東京に移った。彼は家庭の束縛と地方都市の狭隘な雰囲気から一気に解放され、「都市の空気は人間を自由にする」という実感を味わった。しかし、その解放感は長くは続かなかったという。後に、その頃の印象を次のように記している。

はじめて渋谷駅頭に降りたときの気持を、私は今もまざまざと思いおこすことができる。今とちがって、どこか場末じみた雰囲気を多分にのこしていた渋谷駅前の広場の雑踏がまず私をおどろかせた。今日は、何かのお祭かしらんと、田舎出の私はしばらく考えたものである。それればかりでなく、その商店街のスピーカーから流れ出る当時流行の軍歌「父よあなたは強かった」の大騒音もまた、私のどぎもを抜いた。なんという群衆、なんという雑音、そしてなんという猥雑さの氾濫であろうかと、私はしばらく茫然としたのを憶えている。しかし、それらすべての第一印象は、私の中に同じような活気をよびおこす風には作用しなかった。むしろ私の心をとらえたものは、何か名状しがたい悲哀感であり、これが東京なのか、これが日本近代の作り出したあの大都市なのか、ほとんど信じがたいという幻滅感であった。(3)

橋川がイメージしていたのは、地方とは異なる、本物の近代生活がある場所としての東京であった。しかし、現実に見た東京は「巨大な田舎」であり、自乗化された「地方」に過ぎなかった。そのため、彼は日本の都会生活、日本の近代化というものに幻滅したという。そして、入学以前から文学への強い関心を持っていた橋川が、日本浪曼派、とりわけ保田與重郎の作品に接近するのに、時間はかからなかった。もともと彼は、ヨーロッパの文芸や思想に関心があり、日本の古典や現代文学などには一切興味がなかった。だが、こうした心情もまた、微妙な逆説によって、日本浪曼派的な批評精神への接近の契機になったという。「日本の現実への軽蔑とアパシイそのものが、そのまままさに民族主義的なロマンティシズムのイロニイにほかならない[4]」のであった。この頃、橋川は保田の著作をほとんど読むことで、「日本浪曼派の思想の中に自己をみいだした、日本浪曼派の思想によって自己を確認したというような実感をいだいた[5]」のである。

日本浪曼派の文学運動は、プロレタリア文学運動の挫折とファシズムの拡大の中で転向文学が生まれ、一方では文芸復興という文学界の動きが顕著になったことを背景として、ロマン主義的方向を打ち出すことによって、時代的な閉塞感を打ち破ろうとする運動であった。雑誌『コギト』に掲載された「「日本浪曼派」広告」（一九三四年一一月号）には、神保光太郎・亀井勝一郎・中島栄次郎・中谷孝雄・緒方隆士・保田與重郎が同人として名前を連ねている。また後に、伊東静雄・太宰治・壇一雄・林房雄・萩原朔太郎らも加わった。雑誌『日本浪曼派』は一九三五年三月に創刊され、三八年八月には廃刊となったが、その後も保田の作品を中心に、多くの読者を獲得した。むしろ、『日本浪曼派』廃刊後の保田の存在こそ、日本浪曼派の影響力を物語るものである。

橋川にとって、日本浪曼派の文学運動はどのような意味を持ったのか。彼は後に、次のように述べている。

日本ロマン派は、私たちにまず何を表象させるのか？　私の体験に限っていえば、それは、

命の、全けむ人は、畳菰、平群の山の

隠白檮が葉を、髻華に挿せ、その子

というパセティクな感情の追憶にほかならない。それは、私たちが、ひたすらに「死」を思った時代の感情として、そのまま、日本ロマン派のイメージを要約している。私の個人的な追懐でいえば、昭和十八年秋「学徒出陣」の臨時徴兵検査のために中国の郷里に帰る途中、奈良から法隆寺へ、それから平群の田舎道を生駒へと抜けたとき、私はただ、平群という名のひびきと、その地の「くまがし」のおもかげに心をひかれたのであった。ともあれ、その

ような情緒的感動の発源地が、当時、私たちの多くにとって、日本ロマン派の名で呼ばれたのである。(6)

この文章からうかがわれるように、橋川において日本浪曼派に接することは、時代的な閉塞感の中で、現実からの逃避を可能にするものであった。それは、「戦中派」に属する多くの若者にも共有されていた感情のあり様である。それほどまでに、「死」は彼らの近くにあった。ただ、橋川は一九四三年九月に「学徒出陣」のために臨時徴兵検査を受けたものの、胸部疾患のため丙種合格となり、徴兵されなかった。それは、彼にとって屈辱的な体験であったという。四四年に野尻湖を訪れた時の印象を語る中で、次のように回顧している。

昭和十九年十一月といえば、すでにサイパンが陥ち、レイテの決戦が始まり、私などと同年輩の青年たちが神風特攻隊の実行に移り、日々その報道が新聞の一面を飾り始めた時期である。そして、私はといえば、前年の学徒出陣の兵隊検査で結核を発見されたため、入営もせず、大学に残され、しかも講義もなく、ただ勤労動員の名目で外国語論文の分類、整理という他愛ない事務労働をやらされていた。私はあの頃ほど自己の無能さとみじめさを思い知らされたことはない。二十二歳の青年らしい誇りなどというものはどう考えても発見されえなかった。世界的な大事件が現に眼の前に展開されているのに私は永遠にそこから邪魔者として疎外されたくずのような人間だという屈辱感と焦燥感だけが私をとらえていた。そういう気持をどうにかしてまぎらせようとする衝動が私を無計画な旅へとみちびいたのかもしれない[7]。

一九四五年一月、橋川は貴族院事務局の委員課に配属された。その任務は、委員会事務の補助ということであったが、仕事の中心は委員会に出席して議事内容の要領筆記を行うことであった。あたかも小磯国昭内閣時で、橋川は敗戦の年、日本の最高支配者の言動の一部を目の当たりにしたのである。議会運営の様々な慣例はもちろん、貴族院ではその特権的な地位を反映して、奇妙な時代錯誤を感じさせるようなことが少なくなかったという。「なによりも、私を呆然とさせたのは、戦局の苛烈さが、この世界にはほとんど影響を与えていないらしいことであった[8]」。そして、橋川は、「私たちとは別の人びとが、何か別の考え方でこの戦争を指導しているらしいということも感じないではいられなかった[9]」という。このような感覚は、彼の無力感を増幅させずにはおかなかった。

私たちの信じていた戦争ではそれはないと思い始めたころ、日本の敗戦が来た。しかしそれも私にとっては決して「解放」ではなかった。ただ全く新しい、別の意味で曖昧な幻想の世界が再び始ろうとしているという予感があった。(10)

二　「戦後思想」との出会い

敗戦の年、九月に大学を卒業した橋川は、翌年から、出版社に勤務した。役人になるという選択肢もあったようであるが、それを選んでいない。一九四七年、潮流社で『未来』の編集に当たった。ここで、丸山眞男を知る。その頃、橋川は日本共産党に入党しているが、この態度は一種の転向心理の表れであろう（五〇年頃には党籍が消滅）。その後、丸山のあっせんで弘文堂に移るかたわら、中村哲の世話で法政大学の講師も勤めている。

先程も述べたように、橋川の本格的な著作活動は、「日本浪曼派批判序説――耽美的パトリオティズムの系譜」を発表したことに始まる。彼は、丸山からカール・シュミットの『政治的ロマン主義』の初版本を借り、その翻訳に取り組んだことによって、日本浪曼派批判の考え方を固めることになったという。橋川がこの論文を発表した頃の思想状況は、どのようなものであったのか。ここでは、竹内好の議論を踏まえたうえで、橋川の日本浪曼派批判の思想的意味を検討することにしたい。

敗戦後しばらくの間は、日本浪曼派がまともに議論されることはなかった。戦後初めて正面から取り上げたのは、第三章でも触れた、竹内の「近代主義と民族の問題」である。彼はこの中で、日本浪曼派という「血ぬられた民族主義」を黙殺してはならないと主張し、民族主義の再認識を求めた。そして、近代主義者、マルクス主義者に表れる日本浪曼派への無関心という現象を批判したが、これは戦争責任問題の文脈において、戦後知識人の立場性への問いが提起されたことに関わっていた。それに対して、戦前のマルクス主義文学運動の経験者である『近代文学』同人は、かつてのプロレタリア文学運動の追求をその戦後的出発の課題としたにもかかわらず、そのアンチテーゼとしての日本浪曼派を正面から論じていなかった。その意味において、竹内の日本浪曼派へのアプローチには、戦後文学におけるナショナリズム批判の方向性に対する異議申し立てという側面があった。

その後も、竹内は「近代の超克」やアジア主義など、戦後日本において積極的に顧みられなかった主題を扱い、戦争体験の思想化に取り組んだ。そこには、戦後のマルクス主義者や左翼から否定された歴史的対象を、その内部から分析することはどのようにして可能か、という問題関心が顕著である。

「近代の超克」は、事件としては過ぎ去っている。しかし思想としては過ぎ去っていない。思想として過ぎ去っていないとは、一つは、それにまつわる記憶が生き残っていて、事あるごとに怨恨あるいは懐旧の情をよびおこすということであり、もう一つは、「近代の超克」が提出している問題のなかのいくつかが今日再提出されているが、それが「近代の超克」と無関係に、あるいは関係を曖昧にして提出されているために、問題の提出そのものが真面目に受け入れられない心理の素地を残しているということである。[11]

そうした問題関心は、戦争の性格についての再検討を求めるものであった。竹内は、侵略／連帯の狭間にあって、「大東亜戦争」＝太平洋戦争が「二重構造」をはらんでいたことを指摘し、そこから戦後も、「アジアを主体的に考える」という問題にこだわり続けた。その「二重性」とは、アジアにある日本がアジアを背景にして先進国日本として世界に存立するという、近代日本の国家的存立そのものに由来するものであった。

「近代の超克」は、いわば日本近代史のアポリア（難関）の凝縮であった。復古と維新、尊王と攘夷、鎖国と開国、国粋と文明開化、東洋と西洋という伝統の基本軸における対抗関係が、総力戦の段階で、永久戦争の理念の解釈をせまられる思想課題を前にして、一挙に問題として爆発したのが「近代の超克」論議であった。だから問題の提出はこの時点では正しかったし、それだけ知識人の関心も集めたのである。(12)

このように述べて、竹内は「近代の超克」という問題提起は正しかったものの、その思想戦は実際に戦われることなく、その課題も敗戦とともに雲散霧消してしまったという。彼には、日中戦争以来の交戦状態が中華人民共和国との間で正式な平和条約の取り決めを欠いたまま継続しており、問題が先送りされているという意味で、帝国支配と冷戦構造がある種の差異を含んだ連続性の相を呈しているという状況認識があった。その中で、もう一度、抵抗する原理としてのアジア的原理を自己のうちに再確認させることを課題としたのである。この点に関して、丸川哲史は次のように述べている。

竹内が戦後に為した「近代の超克」論とは、竹内のこの「決意」（一九四二年一月に発表された「大東亜戦争と吾等の決意（宣言）」のこと――引用者注）における失敗の経験を検証せんがためのものであったといえる。では竹内が、己の政治的判断の失敗を失敗として悔いているかというとそうでもなく、むしろ「近代の超克」というテーマをアジア連帯の（不）可能な起点として救い出そうとするのである。竹内の失敗は、まさに日本がアジアになろうと求めるが故の失敗であったといえる。だから、その失敗にもかかわらず、竹内の念頭にあり続けたのは、――言表の水準においてはほとんど矛盾しているが――日本が中国（アジア）に「敵」として対してしまった事実と、現に「敵」として対し続けている事態を深く内部化し、そのなかからあらたな自己を選び出すことであった。竹内にとっての中国（アジア）とは、そのような見果てぬ自己の痕跡として、まさに冷戦構造の向こう側に、あるいは冷戦の彼方にあり続けたものに他ならなかったのである。(13)

丸川が指摘しているように、竹内には、戦後の思想状況において意識化された問題を、あえて戦中の自らの立場を探究する作業として問うという、自己省察の姿勢を見て取ることができる。竹内は「近代の超克」において、『文學界』グループ、京都学派、日本浪曼派が一堂に会した座談会を取り上げ、その歴史認識の問題を炙り出した。彼はこの中で、日本浪曼派の役割について、特に大阪高校時代以来の知友でもある保田に言及している。そこでは、「彼はあらゆる思想のカテゴリイを破壊し、価値を破壊することによって、一切の思想主体の責任を解除したのである。思想の大政翼賛会化のための地ならしをした」[14]と述べる一方で、「近代の超克」といった論理形態に孕まれる行き詰まりを、次のように記している。

保田は「生れながらのデマゴーグ」であって同時に「精神の珠玉」であった。デマゴーグでなければ精神の珠玉たりえない。それが日本精神そのものなのである。保田は限定不可能なあるものであり、そこから逃れることのできぬ日本的普遍者の究極の一つの型である。「空白なる思想」が彼の思想であり、空白でなければ不死身であることはできなかった。(後略)

保田の果した思想的役割は、あらゆるカテゴリイを破壊することによって思想を絶滅することにあった。(中略)彼は文明開化の全否定を唱えたが、彼のいう文明開化は、一つの思潮でもなく、流行でもなく、論理でもなく、しかし思潮でもあり流行でもあり論理でもある

もの、つまり近代日本の全部であった。(15)

竹内が保田について語る言葉は、このように屈折したものである。そこで、竹内が保田の「空白なる思想」に「近代日本の全部」を見ようとする態度は、「近代の超克」論を始めとする日本近代の体験を批判する視座を獲得するために、その両義的な側面に内在して問題を発見する臭覚のありかを示している。これは、橋川が日本浪曼派のイロニイの表出にこだわり、それと政治の関係を分析する態度、すなわちロマン主義の近代批判のあり方に内在して、その現在性を問うという立場に受け継がれる。

そのうえで、竹内と橋川では、日本浪曼派への距離感が異なることも確かである。橋川の問題関心は、あくまで自己の原体験としての日本浪曼派のロマン主義・民族主義を発酵させた「母胎としての心性(16)」の究明にあった。その意味において、彼の思想的作業は戦争体験についての自己省察であったと同時に、「日本ロマン派をいわば歴史的に背理的な事件として、箸にも棒にもかからぬ例外的神がかりとして、むしろ個々人の精神病理の問題として解消(17)」しようとする戦後社会に対する、世代的な異議申し立てでもあった。

橋川の批判の論点として重要なのは、敗戦までの昭和精神史を形成した二つの型であるマルクス主義と転向に、日本浪曼派を加えようと考えたことである。橋川は、「かつて私たちの見たあの明かな体験像は、たんなる幻影にすぎなかったのかという疑念」[18]を表明するが、それは彼による浪曼派体験の告白である。そうであるがゆえに、橋川の分析は、ロマン主義の思想構造の特質を歴史上に辿る思想史研究という体裁をとりながらも、戦中から戦後に持続する精神構造にこだわる自己分析の様相を呈しているのである。

こうして私の日本ロマン派に対する関心は二重の構造をもつ。一つは、いうまでもなく、日本ロマン派という精神史的異常現象の対象的考察への関心であり、もう一つは、その体験の究明を通して、自己の精神史的位置づけを求めたいという衝動である。この後者の関心は、いわば私の世代的関心ともいえるものである。[19]

その精神的痕跡を刻印される形での歴史への関心は、以後の橋川の思想的作業に受け継がれていく。それは、自分の内部に「無数の死者」を抱え込んだという戦争体験へのこだわりに通じているのである。

三　『日本浪曼派批判序説』

橋川の最初の著作である『日本浪曼派批判序説』（未來社、一九六〇年）は、戦後初めての本格的な日本浪曼派批判であると同時に、「戦中派」の戦時体験の思想的意味を問うたものとして重要である。彼が『日本浪曼派批判序説』に収録された「日本浪曼派批判序説――耽美的パトリオティズムの系譜」の諸論稿を書いたのは、一九五七年から六〇年にかけて、戦後の民主主義の論点がほぼ出尽くし、新たな批判にさらされる最中のことである。[20] 橋川が戦後過程において日本浪曼派の問題を主題化したことには、「戦後革命（の挫折）から「民族」への注目という、五〇年前後における批判的知識人の問題意識の移動」がある。そして、その背景としては、「日本共産党の「占領軍＝解放者」規定の撤回と、コミンフォルムによる新たな指導、新中国の成立などによって加速された「民族解放・反帝国主義」路線への傾斜」を挙げることができる。[21]

橋川は『日本浪曼派批判序説』の中で、日本浪曼派、とりわけ保田の色濃い思想的影響を受けた自らの体験を批判的に考察することを試みた。そこには、日本浪曼派をウルトラ・ナショナリズムとして黙殺するだけで、その心情のあり様を内在的に批判し得ない戦後の論壇に対して、疑念を呈する意味が込められていた。すなわち、彼には、一九三〇年代初頭に顕著な転向現象の収束した後に思想形成を行った世代が、なぜ日本浪曼派に〝いかれた〟のかを主題とすることから、浪曼派体験の歴史的位置付けを試みるという思想的課題があった。次の文章には、そうした橋川の問題関心がよく表れている。

戦後、日本ロマン派は全く抹殺され、黙殺されてきた。それには、しかるべき理由があったし、それについては、後にふれることにする。しかし、戦後のいわゆる「デモクラシイイズム」の風潮にもかかわらず（それ故にか？）、日本ロマン派の提示したはかないような問題意識は、それとしてどこか奥底の方でよどんでいるという感じを私はいだく。それは恐らく、いわゆる反動・復古主義の動向とかかわりない形で、しかも、それに随伴する逆説的な否定的エネルギーとして、再び同じ精神史上の笑うべきドラマを現すかもしれない。かつてそれがあったと同じ意味で、しかも自ら再び登場することの愚劣さを自らのイロニイとして。[22]

戦後の思想状況を見据える中で、何かわだかまってものを言うといった感のあるこの文章には、日本浪曼派に〝いかれた〟精神構造が、自分たちの世代にとどまらず、戦後も生き続け再生産されているのではないか、そしてその心情のあり様は戦後社会が問題化し得ない病理としてあるのではないか、という問題関心を見て取ることができる。

橋川は、論稿の副題として「耽美的パトリオティズムの系譜」を掲げ、あえて日本浪曼派をその系譜のうちに捉えることから、ナショナリズムのウルトラ化を自己の責任外の出来事とした戦後の思想状況を批判した。その作業を通して、彼は日本浪曼派のテクストを読む／批判すると同時に、浪曼派体験が破綻した戦後の思想状況に向き合うことを目指したのである。

ここで、「パトリオティズム」という言葉を選んだのは、「ナショナリズム」という政治学的な用語を避ける意味もあった。いいかえれば、戦争中の日本における一種のウルトラ・ナショナリズムは、政治的なナショナリズムというより、むしろパトリオティズムとよんだ方が適当であろうという考えがあったからである。さらに、戦争下の国民的エネルギーを、あのように極度にまで動員したものが、いわゆるナショナリズムであったとすれば、戦後におけるその急激な解消・分散の現象は、やや理解しにくくなるということも念頭にあった。そして、戦前と戦後に一貫する国民の精神構造を追究しようとする場合、むしろ曖昧な根源性をおびるパトリオティズムの視角をとることが便宜であると考えたわけである。[23]

この文章から明らかなように、橋川が「耽美的パトリオティズム」という言葉を選んだのは、日本浪曼派に見られる日本的な伝統への回帰、古典復興の動きが、「政治的と非政治的」の間を媒介し、まさに仮構された日本という共同体への同一化を可能にしてしまう心情のあり様を問題にするためであった。その作業は、日本浪曼派が問うた近代批判の現実性に、改めて向き合う試みとしてあった。

日本浪曼派に共通するのは、日本の伝統への回帰、古典への憧憬、日本的美意識の主張などであり、それらは反近代、反政治主義的傾向を持っていた。とりわけ、保田はドイツ・ロマン派を受容することから、それらを「ロマンティッシュ・イロニイ」の心的態度と表現したが、その態度には一切の政治的リアリズムの排斥、あらゆる理性的判断の無意味と無効性を説く姿勢が顕著である。彼の説くイロニイの否定性は、主として若い読者に、敗戦の必然に対する予感的構想、死を全体性の究極の形態と捉える死の美学として受け止められた。戦前から戦中にかけて、日本浪曼派はまさに政治的な無力と時代への絶望感に対して、それからの逃避と救済を可能にするものだったのである。橋川は、「私たちの感じとった日本ロマン派は、まさに「私たちは死なねば《ヴィア・ミュッセン・》ならぬ《シュテルベン》！」という以外のものではなかった[24]」と告白している。この文章を見る時、それは時代的な閉塞感の中で、ある種の陶酔を与えるものであったことを、強く印象付けられる。

日本浪曼派について、橋川の分析の中心に位置したのは、イロニイと政治の関係である。彼は、「私たちにとって、日本ロマン派とは保田与重郎以外のものではなかった[25]」と述べているが、それは狭義の日本浪曼派批判としては語り尽くせない精神構造の分析に重きを置くためであった。橋川にとって、保田を論じることは、「精神史上の事件としての満州事変[26]」以後の革新的な存在としての意味を問うことであり、そこには、保田のテクストに表れるイロニイの形態を析出する目的があった。橋川は日本浪曼派について、現実の「革命運動」に常に随伴しながら、その挫折の内面的必然性を非政治的現象に媒介・移行させることによって、同じく過激なある種の反帝国主義に結晶したものという。「その組織論が「日本美論」であり、その戦略が「反文明開化官僚主義」であったといえば私のいう意味も明白であろう[27]」。このように述べて、マルクス主義の挫折から日本浪曼派への転回を引き起こした「日本ファシズムの奇怪さ」について、政治から疎外された革命感情の「美」に向かっての後退・噴出、デスパレートな飛躍がもたらされたことに注目した。そして、「問題の文脈をひろく我国中間層における総体としての「政治的と非政治的」の問題に拡大し、政治的リアリズムとそのアンチテーゼとしての日本的美意識の問題にまで結びつける必要がある」[28]と説いたのである。

ここには、保田が言う、「日本の新しい精神の混沌と未形の状態や、破壊と建設を同時的に確保した自由な日本のイロニー、さらに進んではイロニーとしての日本といったものへのリアリズムが、日本浪曼派の地盤となつた」[29]という近代批判の方法に対する、橋川のこだわりを見て取れる。橋川は、そのイロニイこそ、頽廃と緊張の中間に、無限に自己決定を留保する心的態度の表れであり、近代日本の精神構造の究極的形態を特徴付けるものと理解した。それは、同時に、政治的な無力と時代への絶望感について、「「郷土喪失」の感情は、感傷として、もしくは、主知的な決断として、いずれも「素直」に「日本への回帰」のコオスに吸収されていった」[30]と言われるように、「ネガティヴな「故郷」の意識」[31]を呼び起こし、政治意識が美意識に容易に回収されたことに、注意を促すものであった。

橋川は「日本浪曼派批判序説——耽美的パトリオティズム」の最後に、小林秀雄と保田において、「歴史」が「伝統」と同一化され、それらがいずれもまた「美」意識の等価と見られたことを指摘したうえで、ナショナリズムがロマン主義という形をとって表れる場合の危うさについて、次のように述べている。

このような精神構造において、ある政治的現実の形成は、それが形成されおわった瞬間に、そのまま永遠の過去として、歴史として美化されることになる。（中略）保田や小林が、「戦争イデオローグ」としてもっとも成功することができたのは、戦争という政治的極限形態の苛酷さに対して、日本の伝統思想のうち、唯一つ、上述の意味での「美意識」のみがこれを耐え忍ぶことを可能ならしめたからである。いかなる現実もそれが「昨日」となり「思い出」となる時は美しい。(32)

保田は、人間にとって最も耐え難い時代を生きる者のために、現実と歴史を成立させる根源的実在としての「美」を説いたという。それゆえ、橋川にとって保田の「国粋主義」は、「ウルトラ・ナショナリズム」というよりも、むしろ「耽美的パトリオティズム」と呼ぶにふさわしいものであった。

こうした精神構造について、橋川は、日本浪曼派におけるロマン主義の本質がどのようなものであったのかという問いを立てて、その特質を日本の歴史上に辿り始める。彼は、日本で幾度か繰り返されたロマンティシズムの運動の中で、日本浪曼派が最も過激な存在であったという。そして、それが明治の中期あるいは後期のロマン主義をある形で踏まえながらも、なぜあのように異形の運動形態として表れたのかという特質について、「それがイロニイという一種微妙な近代思想のもっともラジカルな最初の体現者であったという点に求められる」[33]と述べるのである。橋川は日本浪曼派について、石川啄木以後繰り返された、近代日本における「強権」の発展過程とそれに対する反体制的底流の相互関係の中に正当に位置付けられるべきであると主張した。

ここで、橋川のナショナリズム論との関連について考えてみよう。彼は『日本浪曼派批判序説』を出発点として、以後、日本の国体、ナショナリズムに関する論文を数多く発表する。そこに一貫した主題は、ロマン主義の近代批判の側面に注目した橋川らしく、日本思想の伝統の中にその源流を辿るというものであった。

> 日本の場合にも、ドイツの場合と同じように、あるきわめて優美で繊細な心の作用（たとえばもののあわれ）が、しばしばその反対の不気味で醜怪な政治行動と結びついており、しかもそれらがきり離せない関係にあったという印象は同様であろう。その一方のみを抽象して他方との絶縁をはかることは、論理的には可能かもしれないが、現実には不可能と考えるほかはないような、ある宿命的な共存関係がその両者の間に認められるという点もよく似ている。[34]

この文章から明らかなように、橋川は日本浪曼派をくぐりぬけることによって、ナショナリズムの原型そのものの中に潜む病理に迫ることができた。こうした問いかけは、美と政治が渾然一体となって存在した戦中の思想状況を鋭く見定めることから引き出されたものである。橋川は「イロニイとしての日本」という思想について、「その思想の論理的・心理的内容の実質が、ロマンティシェ・イロニイと国学的主情主義のもっとも頽廃的な結合によって規定されたものである[35]」と分析したが、その思想構造を追究する作業こそ、彼の思想史研究の根本に位置する主題であり続ける。

この点に関わって、姜尚中が橋川のナショナリズム論を丸山のそれと対置させ、前者の議論の歴史的な射程の広さを指摘していることは興味深い。すなわち、姜は、丸山が日本のナショナリズムの中に「幸福なナショナリズムの形態」を読み取り、それが「歪み」、侵略的国権主義や盲目的な「超国家主義」に変質していったと捉えたのに対して、橋川が「近代ナショナリズムの原型」そのものの中に、そのような要因があったと考えていた点を重視する。「ここで橋川と丸山の関係で面白いのは、橋川が丸山の「超国家主義」にあえて異をとなえて、丸山が「良き日本」と「悪しき日本」の冷徹な二分法を方法として国家主義のイデオロギー構造の病理をえぐり出してはいるが、「日本の中にあるもっとも人間的に懐しいものと、もっとも嫌悪すべきものとの同時存在」そのものを問題にしてはいないと指摘していることである」[36]。姜が指摘しているように、丸山の思想史研究には、明治期の「国民主義」と昭和初期の「超国家主義」を論理的に結ぶ歴史的視座が示されていない。橋川は、そのことにこだわって、日本のナショナリズムとその「超国家主義」的形態との連続と不連続の問題を解明する作業を進めたのである。この点は、橋川のナショナリズム論を再評価する際のポイントになるであろう。

四　ロマン主義批判の可能性

ここで改めて、橋川の提示した問題に立ち返って、その可能性を考えてみたい。その際、重視されるべきことは、彼にとって日本浪曼派体験が本当に切実な思想的課題として受け止められたのは、その拠り所が立ち行かなくなる戦後であるという点である。すなわち、橋川において浪曼派体験が現実的な問題になったのは、ロマン主義に入れ込み、それを信じることによって救われていた戦中ではなく、ロマン主義によって担保される現実が破綻した戦後であることに注目したい。その意味において、『日本浪曼派批判序説』は、日本浪曼派のテクストそのものよりも、浪曼派体験を綴ったテクストを読むことの中に、ロマン主義への批判の可能性が開けることを示すものである。

また、橋川は「日本ロマン派と戦争」の中で、「日本ロマン派は、いわば「もうすべてがダメだ」という発想の文学的先取として生れ、「頽廃とイロニイ」の自己主張として必然的な意味をになった。保田が「崖の下を見る必要はなく、そこから上を望む」という言葉であらわしているものは、いうまでもなく極端な主体喪失の意識であり、現実的にはロマンティクの状況追随による参加の意味をもった」[37]という。そして、「保田はあの戦争を己れの思想の容れられなかった故の敗北とみなし、己れの内部に絶対の挫折を見出してはいない。彼にとって、本来「すでに勝敗は問わぬ」というイロニイが大切であり、自己の主体の中にはいかなる責任も成立しないからである」[38]と述べている。戦後の保田が戦中の自らの立場を自己批判することなどなかったことを思い起こすなら、保田を始めとするロマン主義のテクストを読む／批判する作業そのものに、ロマン主義批判の可能性があるようには思われない。これは、ロマン主義という形態に孕まれた心情のあり様の問題である。日本浪曼派に〝いかれた〟体験を持つ橋川は、その問題を確実に認識していた。

ロマンティクの精神表現が一義的な明確さを示すことがまれであり、しばしば知的な醜聞ともいうべき倒錯にいろどられてあらわれることも、確かである。何かそこに一種のいかがわしい人間性の側面が露出し、人をして眉をひそめ、眼をおおわしめる頽廃の印象をともなうことも確かにそのとおりである。しかし、ロマンティクの魅力は、いわばそのような醜聞のうちに秘められた善美の呪いに結びつくとき、もっとも救いがたい力として人間をとらえる。ある意味では、それは人間精神のもっとも普通で、しかもリアルな実相を象徴する名辞である。事実、多くのロマンティク批判者の精神の中に、批判されたまさにその心性が転位していることを見いだすのは、それほど珍しいことでもない。ロマンティクの超越的批判はほとんどそれ自体不可能と思われるほど、それは人間の心のとらえがたさと直接に結びついている。人はみずからロマンティクであるか、あるいは何ものでもないとする以外には、ロマンティクの批判者たることはできないかもしれない。(39)

このように述べて、橋川はロマン主義批判の可能性を、自らの浪曼派体験に向き合う中から追究したのである。その立場は、日本浪曼派のテクストを外在的に批判する立場(橋川は平野謙と高見順を例に挙げている)、あるいは現実の政治・社会状況から切り離して日本浪曼派を純然たる文学史的形態と見て、作品として評価する立場(彼は三島由紀夫を挙げている)とは異なり、日本浪曼派が読まれたという現実の中から、その文学運動の思想的意味を問うという態度を示すものである。橋川の思想的作業の独自性は、日本浪曼派に属する一人一人の文学者が戦争にいかに対処し、いかなる作品を残したか、あるいは日本浪曼派そのものが何を、いかになしたかという日本浪曼派の思想史的位置付けの問題とともに、日本浪曼派のテクストが書かれ、読まれた状況にいかに向き合うかという浪曼派体験の思想史を書くことを試みた点にある。その作業は困難を伴うものであったが、確かにロマン主義批判の可能性を開いて見せるものであった。

◇注

(1)「橋川文三日記　一九四九―一九五一」第三次季刊『辺境』第一〇号、一九八九年七月。

(2)神島二郎・赤坂長義・小林俊夫「若き日の橋川文三――一高同級生から見て」『思想の科学』一九八四年六月臨時増刊号、七七―七八頁。

(3)橋川文三「ロマン派へ接近の頃」『日本浪曼派研究』第二号、一九六七年七月(『橋川著作集』第一巻、二一五―二一六頁)。

(4)同前、二一七頁。

(5) 橋川文三「日本浪曼派と現代」『転位と終末』明治大学出版研究会、一九七一年(橋川文三『時代と予見』伝統と現代社、一九七五年、一四三頁)。
(6) 橋川文三「『日本浪曼派批判序説』あとがき」橋川文三『日本浪曼派批判序説』(『橋川著作集』第八巻、二六五—二六六頁)。
(7) 橋川文三「野尻湖の飢え」『日本の屋根』第一三〇号、一九七一年二月(『橋川著作集』第八巻、七七頁)。
(8) 橋川文三「戦争と私」『朝日新聞』一九六七年八月一四日(『橋川著作集』第八巻、八一頁)。
(9) 同前、八一頁。
(10) 同前、八三頁。
(11) 竹内好「近代の超克」『近代日本思想史講座』第七巻、筑摩書房、一九五九年(『竹内全集』第八巻、五—六頁)。
(12) 同前、六四—六五頁。
(13) 丸川哲史『冷戦文化論——忘れられた曖昧な戦争の現在性』双風舎、二〇〇五年、三九頁。
(14) 竹内好「近代の超克」六二頁。
(15) 同前、六〇—六一頁。
(16) 橋川文三『日本浪曼派批判序説』九頁。
(17) 同前、一四頁。
(18) 同前、八頁。
(19) 同前、一〇頁。

(20)「日本浪曼派批判序説――耽美的パトリオティズムの系譜」は『同時代』第四・五・六・七・八・九号（一九五七年三・七・一二月、五八年五・一一月、五九年六月）に連載発表された論稿と六〇年一月に書き下ろされた最終章からなる。
(21) 丸川哲史「橋川文三『日本浪曼派批判序説』」岩崎稔・上野千鶴子・成田龍一編『戦後思想の名著50』平凡社、二〇〇六年、二四六頁。
(22) 橋川文三「『日本浪曼派批判序説』あとがき」二六七頁。
(23) 橋川文三『日本浪曼派批判序説』七六―七七頁。
(24) 同前、三六頁。
(25) 同前、一九頁。
(26) 同前、二二頁。
(27) 同前、二六―二七頁。
(28) 同前、二七頁。
(29) 保田與重郎「我国に於ける浪曼主義の概観」『現代文章講座』第六巻、三笠書房、一九四〇年（『保田與重郎全集』第一一巻、講談社、一九八六年、三〇二頁）。
(30) 橋川文三『日本浪曼派批判序説』六〇頁。
(31) 同前、七七頁。
(32) 同前、八八頁。
(33) 同前、四二頁。
(34) 橋川文三「民族・政治・忠誠――ナショナリズムとロヤルティの問題」『現代の眼』一九六九年

一月号（『橋川著作集』第二巻、四七頁）。

（35）橋川文三『日本浪曼派批判序説』四八頁。

（36）姜尚中「橋川文三覚え書き　ナショナリズムの「心」をめぐって」『現代思想』二〇〇一年一二月号、二四五―二四六頁。

（37）橋川文三「日本ロマン派と戦争」『文学』一九六一年五・八月号（『橋川著作集』第一巻、一七三―一七四頁）。

（38）同前、一八五頁。

（39）橋川文三「ロマン主義について」『世界文学大系』七七付録「月報」七三、筑摩書房、一九六三年（橋川文三『増補　日本浪曼派批判序説』未來社、一九六五年、二三五―二三六頁）。

第六章　橋川文三の戦争体験論とナショナリズム論

一　戦争体験論

本章では、一九五〇年代後半から七〇年代にかけての橋川文三のテクストを取り上げ、『日本浪曼派批判序説』以降の思想的展開について検討する。彼の思想的作業の独自性は、戦争体験論など同時代の思想状況に関する発言とともに、日本政治思想史研究の分野において、「昭和超国家主義」に関する分析などナショナリズム論を展開した点にある。ここでは、第一に、竹内好の議論を踏まえたうえで、橋川がどのような形で自らの戦争体験に向き合ったのかという問題について、彼の戦争体験論を取り上げる。第二に、橋川のナショナリズム論に関して、丸山眞男の思想史の方法論を意識する形で提示された「昭和超国家主義」論の独自性を検討する。

戦後日本において、戦争体験が論壇の主題として取り上げられたのは、戦争体験を持たない若い人たちが表れ始めた頃である。竹内は一九六〇年の日米安保条約反対運動以降、世代間での戦争観の乖離に不安を抱きつつ、戦争体験に関する文章をいくつか発表した。そこでは、安保運動という共通体験を戦争体験の結実と見て、逆に戦争体験へと遡る方法、すなわち「戦争体験を戦後体験と重ねあわせて処理するという方法[1]」を提起したのである。

若い世代の一部あるいは多数が、前世代の戦争体験を白眼視したり拒否したりするのは、戦争体験の封鎖性を前提にするかぎり、もっともな理由があるといえる。しかし、もし彼らが主観的に拒否すれば戦争体験の世代と切れると考えるならば、そのこと自体が戦争の傷から解放されていないこと、彼らもまた戦争体験の特殊化の被害者であることを証明している。遺産を拒否するという姿勢そのものが遺産の虜である。歴史を人為的に切断することに私は反対ではないが、切断するためには方法をもってしなければならない。戦争の認識を離れてその方法が発見できるとは思えない。[2]

この文章から明らかなように、竹内は戦争体験をどのようにして一般化するのかという課題について、世代を超えた「理念」へと練り上げる必要性を感じていた。彼は、戦争体験が体験者によって特殊化されることを嫌い、戦争体験の閉鎖的な自己主張の方向からは体験が一般化されないと考えたのである。そうした問題関心は、橋川にも大きな影響を与えたであろう。

橋川は一九五〇年代後半から六〇年代初めにかけて、戦争体験と世代をめぐって、繰り返し発言した。そこには、「戦中派」の立場からする、前世代に対する異議申し立てという側面と同時に、「戦後派」からの突き上げに応答するという側面があった。戦後の論壇において「戦中派」がクローズアップされたのは、座談会「戦中派は訴える」（『中央公論』一九五六年三月号）、村上兵衛「戦中派はこう考える」（『中央公論』一九五六年四月号）、思想の科学研究会編『共同研究　転向』全三冊（一九五九—六二年刊）などによってである。ここには、戦争中のことにこだわりたくない「戦前派」と戦争のことを覚えていない「戦後派」に挟まれて、戦争時代に自己形成をしてその刻印を受けている「戦中派」が少数派として孤立する事態があった。そうした状況において、「戦中派」がこの時期の戦争責任追及の主要な担い手として出現するのである。

しかし、橋川の問題提起を世代論に収斂させるなら、その議論の射程を見誤ることになるであろう。そこには、世代的自己主張にとどまらない、思想の方法の根幹に関わる問題があったのである。彼は戦争体験論の積極的な意味について、次のように述べている。

私たちが戦争という場合、それは超越的意味をもった戦争をいうのであって、そこから普遍的なるものへの窓がひらかれるであろうことが、体験論の核心にある希望である。感傷とか、同窓会趣味とかには縁もゆかりもない。（中略）戦争体験にこもる個々の感傷の集成ということを、私たちは、戦争体験論の課題とは考えないのである。ことばはややおかしいが、「超越者としての戦争」――それが私たちの方法なのである。[3]

この時期、橋川はわだつみ会の常任理事として活動し、機関誌『わだつみのこえ』の編集にも携わっていた。橋川は、「同窓会趣味」とは人間の主体的責任の問題が介入しない構えであると批判したが、そこには、こうした活動に対する下の世代からの突き上げに応答することが企図されていた。すなわち、橋川は石原慎太郎・浅利慶太・村上兵衛・大江健三郎・江藤淳との論争の中で、わだつみ会に見られる回顧的感傷は現実回避であるとする批判に対して、戦争体験を問うことは、日本人が歴史意識を形成する契機であると解釈したのである（座談会「怒れる若者たち――芸術と政治について」『文學界』一九五九年一〇月号）。

橋川は戦争体験論の意味を、次のように言う。「敗戦は、国体という擬歴史的理念に結晶したエネルギーそのもののトータルな挫折を意味した。そのことは、いいかえれば、開国＝維新過程において一面においては開かれ、他面においては閉ざされた本来的な歴史意識のための、本当の解放がはじめてもたらされたことを意味する」[4]。そして、「太平洋戦争の過程を、歴史過程としてでなく、超越的な原理過程としてとらえようという提言」[5]をした。このような関心は、橋川においてて、前世代が切り捨てたナショナリズムの深さと広がりを問い直すという世代的な関心とも重なっていた。

二　「昭和超国家主義」論

橋川における「イロニイとしてのロマン主義という問題関心」は、西郷隆盛・岡倉天心・北一輝・柳田國男など、明治国家の形成過程を通して打ち消されていったロマン主義の系譜を辿り、彼らのロマン主義が現実の明治国家体制に対していかにイロニックな意味を持ち得たのかを主題とする思想史研究として展開される。それは、近代化の過程における「近代と反近代」の相克を描き出す作業でもある。その主題が橋川の思想史研究を貫くものであることは、「私がたとえばあの戦争の死者に対する態度は、簡単にいえば西郷隆盛や木戸孝允が維新時の死者に涙した境遇と同じものである[6]」という、晩年の文章にも明らかである。そこで、次に、日本浪曼派批判を含む「超国家主義」への分析が、彼の思想史研究においてどのような形で展開されるのか、という点について考察を進めたい。

橋川の思想史の方法論は、丸山の「超国家主義」批判を意識する形で発表された「昭和超国家主義の諸相」に見ることができる。まず、橋川は丸山の議論を、次のように整理している。丸山は「超国家主義の論理と心理」において、日本の「超国家主義」＝ファシズムの根本的特質を、天皇制国家原理そのものの特質として捉えた。天皇制原理というのは、支配の正統性根拠を主権者の「決断」（＝作為）に見出す絶対主義のそれとは異なり、「無限の古にさかのぼる伝統の権威を背後に負」うことによって、初めて究極的価値の絶対的体現者と見なされる天皇の支配ということであった。天皇は確かに神的存在と見なされたが、その神性を保証したものは、「これを垂直に貫く一つの縦軸」としての国体という伝統的価値に他ならなかった。こうして、「中心からの価値の無限の流出は、縦軸の無限性（天壌無窮の皇運）によって担保されている」というテーゼが生み出されたのである。そして、丸山は「日本ファシズム」のイデオロギー的特性を、ドイツ・イタリアに見られるようなファシズム一般のそれから区別する時、「家族主義」、「農本主義」、「大アジア主義」の三点を指摘した。

まず、橋川は、丸山が指摘する「超国家主義」のイデオロギー的特性について、それらは、丸山が言うような無限遡及の論理を裏付ける指標に他ならないという。「つまり、それらは、多分玄洋社時代にさかのぼる日本右翼の標識であり、とくに日本の超国家主義をその時代との関連で特徴づけるものではないということである」[7]。それに対して、橋川は次のような問題を提起している。「あの太平洋戦争期に実在したものは、明治国家以降の支配原理としての「縦軸の無限性」云々」ではなく、まさに超国家主義そのものであったのではないか」[8]。ここには、丸山がファシズムと結び付いた昭和初期の「超国家主義」を「国家主義の極端形態」と見なし、明治期からなし崩し的に拡張した軍国主義的ナショナリズムのあり方を批判したことに対する、橋川の立場の違いを見て取ることができる。橋川は、日本の「超国家主義」を日本の国家主義一般から区別するための歴史的視座を構築するという課題を、強く意識していた。

「昭和超国家主義の諸相」では、朝日平吾から、血盟団、北一輝、石原莞爾に至るまで、テロリズムを引き起こした暗黒な衝動がいかなる構造を持ち、どのような心性から生まれているのか、という点に関心が示された。すなわち、そこでは、思想や行動が生み出される背景にある人間の感情に目が向けられたのである。橋川は「超国家主義」の世界を問題とするにあたって、その特性を示すものとして、暗殺者の心理に注目した。

人間が絶対の意識にとらえられやすい領域の一つが宗教であり、他の一つが政治であるとするなら（もう一つ、エロスの領域があるが）、テロリズムは、その二つの領域に同時に相渉る行動様式の一つとみることもできるであろう。そしてまた、それが人間行動の極限形態として、自殺と相表裏するものであることが認められるとするなら、その両者の様式を規定するものとして、テロリズムの文化形態《カルチュア》ということを言ってもかまわないであろう(9)。

そのうえで、「いわゆる超国家主義の中には、たんに国家主義の極端形態というばかりでなく、むしろなんらかの形で、現実の国家を超越した価値を追求するという形態が含まれている(10)」という問題を提起することから、そこに「求道＝革命的自我意識」の存在を読み取った。それは、北一輝や石原莞爾らの場合には、アジア主義という形をとって表れたという。彼らはアジアという国家を超える枠組みを考えることで、明治国家的な近代を批判することを試みた。このように、橋川には、「超国家主義」の成立をその発生状態において捉えることから、テロリズムを引き起こした心性について、その歴史的な位置付けを試みるという姿勢が顕著である。

こうした問題関心は、一九七〇年から七三年にかけて書かれた『昭和維新試論』（朝日新聞社、一九八四年）にも表れている。橋川は「昭和超国家主義」論を「昭和維新」論という主題に置き換えて、「維新者」たちに「一種不幸な悲哀感」[11]を読み取ることから、その時代精神の歴史的な位置付けを試みた。橋川はその中でも、始めに朝日平吾を取り上げ、彼が一九二一年に安田善次郎を暗殺した事件は「超国家主義」のスタートを暗示するものであったという。それは以前のテロリズムと異なり、その動機は、「被支配者の資格において、支配されるものたちの平等＝平均化を求めるものの欲求に根ざしている」[12]。その意味において、朝日はまさに、「大正デモクラシーを陰画的に表現した人間」[13]であり、デモクラシー運動がその内部から生み出した存在であった。彼の考えを貫いているのは、「何故に本来平等に幸福を享有すべき人間（もしくは日本人）の間に、歴然たる差別があるのかというナイーヴな思想である」[14]という。こうした「超国家主義」へのアプローチには、次のような問題関心が含まれていた。

> 私はあの凄まじい超国家主義時代の経験をたんなる錯誤としてではなく、また特殊日本的な迷妄としてではなく、まさしくある一般的な人間の事実としてとらえなおすことによって、かえって明朗にこれに対決する思想形成が可能であるという風に考えた。この考え方は、私がかつて日本浪曼派の問題を取り扱った場合と同じである。一般にそれらを理解を絶した異常現象として切捨てるやり方が、戦前のあの思想的な転換期においていかに無力であった

かということは、私の戦争体験に刻みこまれた根本的認識の一つである。(15)

橋川がかつて問題としたのは、マルクス主義の挫折から日本浪曼派への転回を引き起こした「日本ファシズムの奇怪さ」であった。そして、その思想的経験は、戦後の批判的知識人においては正面から取り上げられなかった。それゆえ、橋川は、戦後社会において消滅したはずの「超国家主義」が形を変えて復活することを予感しながら、それを生み出した時代背景を探究し、その思想潮流を批判的に捉えることを試みたのである。

三　丸山眞男と橋川文三の間

橋川における思想史の方法論をめぐる問いは、「戦中派」として戦争体験にこだわり、戦後社会への違和感を表明する中から導き出されたものである。そして、彼は、敗戦までの昭和精神史を形成した二つの型であるマルクス主義と転向に加えて、日本浪曼派を含む「昭和超国家主義」

を歴史的に位置付けることを試みた。その思想的作業は、「超国家主義」に内在した分析というスタイルをとる限りにおいて、ある種の息苦しさを与えることも確かである。しかし、橋川は自らの戦争体験の思想化を避ける形では、戦後を始めることができないと考えた。彼は日本浪曼派をかいくぐったからこそ、ナショナリズムの病理を深く抉り出すことができたのである。

橋川の批判が丸山に届いていたのかどうかは、疑問である。橋川の死後、丸山は『日本浪曼派批判序説』を「橋川君の最高傑作[16]」と評しながらも、日本浪曼派への無関心を包み隠すことなく語り、橋川の批判を次のように片づけている。

橋川君は、丸山は「軍国支配者の精神形態」の中で、御神輿と官僚と無法者って書いているけれど、保田はどこにもあてはまらない、って書いてるんですよ。ぼくにいわせれば当たり前なんだな。あれは軍国支配者で、（中略）文学者は、保田じゃなくても誰でもあてはまらないのは当然なんです[17]。

そして、保田の「現実オンチ」を「バッカじゃなかろうか」と一蹴すると同時に、橋川自身が「一種の詩人の魂というか、詩人の中にあるノンポリの盲点をもっていた」ことを指摘したうえで、「彼は現実政治についてのセンスも興味も全くない」と批判するのである。[18]

丸山の「軍国支配者の精神形態」について、戦時体験が十分に問われていないと批判した橋川は、このように丸山と不幸にすれ違っていた。丸山の橋川に対する〝冷淡〟とも取れる態度をどのように理解するのかは、それ自体興味深い問題である。それは、丸山が橋川など「戦中派」に対して、根本的な懐疑を根底に持っていたためと言えるであろう。たとえば、丸山が、「社会科学者として見れば橋川君の基本的な弱さは、マルクスを本当に読んでないということです[19]」と述べる箇所に、その懐疑は表れている。しかし、丸山が自らの理論の基盤を揺るがす「戦中派」の問題提起を正面から受け止めなかったことは、結果として戦後日本におけるナショナリズム論の展開の可能性を狭める結果を招いたのではないか。橋川の問題提起は、丸山が対象化し得なかったナショナリズムの病理を確かに捉えていたように思われる。

◇注

（1）竹内好「戦争体験の一般化について」『文学』一九六一年一二月号（『竹内全集』第八巻、二三〇―二三一頁）。

（2）同前、二二七―二二八頁。

（3）橋川文三「「戦争体験」論の意味」『現代の発見』第二巻、春秋社、一九五九年（『橋川著作集』第五巻、二四七―二四八頁）。
（4）同前、二五一―二五二頁。
（5）同前、二五二頁。
（6）橋川文三「戦中派とその「時間」」『毎日新聞』一九八〇年四月五日（『橋川著作集』第五巻、三六三頁）。
（7）橋川文三「昭和超国家主義の諸相」『現代日本思想大系』第三一巻「解説」、筑摩書房、一九六四年（『橋川著作集』第五巻、五頁）。
（8）同前、七頁。
（9）同前、八頁。
（10）同前、六三頁。
（11）橋川文三『昭和維新試論』朝日新聞社、一九八四年（『橋川著作集』第九巻、一六六頁）。
（12）同前、一六二頁。
（13）同前、一六六頁。
（14）同前、一六五―一六六頁。
（15）橋川文三「『近代日本政治思想の諸相』あとがき」橋川文三『近代日本政治思想の諸相』未來社、一九六八年、三八七頁。
（16）丸山眞男「「日本浪曼派批判序説」以前のこと」『橋川著作集』第七巻付録「月報」（『丸山集』第一二巻、二七八頁）。

(17) 同前、二六九頁。
(18) 同前、二七五頁。
(19) 同前、二八二頁。

終章　むすび

本書は、日本の「戦後思想」を問題にするにあたって、丸山眞男と橋川文三という、戦後日本を代表する二人の思想家のテクストを取り上げ、彼らの批判的精神の可能性を探るものであった。ここでは、二人の思想家を並べて論じることから、それぞれの個性をより明確に捉えることができるのではないかと考えた。そして、それぞれのテクストの重なり合いとずれの中から、日本の「戦後思想」の課題を探るのが、ここでの目的であった。「戦後思想」とは戦争体験の思想化であったことに鑑みるなら、戦争体験を持つ戦後知識人が戦争と敗戦の体験をどのように思想化しようと試みたのかという問題を辿ることは重要である。その際、特に強調したのは、二人の敗戦感覚が、それぞれのテクストに色濃く影を落としているということであった。本論で明らかにしたように、丸山と橋川の敗戦感覚の違いは、二人の思想家の立場性を規定していた。

日本の「戦後思想」において主流を占めたのは、丸山に代表される戦後啓蒙派の知識人である。戦中・戦後の丸山の立場性については、知識人の中でも、戦後転向が見られない点において、独自の位置を占めていた。言い換えるなら、丸山には、戦前から戦中の自らの立場が敗戦により破綻したという絶望感は希薄であった。彼の問題関心は一貫して、近代的な個人を支える主体性を、日本社会においてどのように確立するのかということにあった。それにより、日本の社会科学と戦後民主主義思想に多大な影響を与えたのである。しかし、丸山における問題関心の一貫性が、戦中の自らの思索の妥当性を強調するものとなる限り、かえって批判のあり方への自己省察の契機を奪ってしまった、という印象は拭えない。これはある程度、丸山に限らず南原繁・矢内原忠雄・大塚久雄など戦後啓蒙派の知識人にも共通する「抵抗」のあり方の問題である。

本書の第一章から第四章では、丸山のテクストについて、時代の推移に沿う形で、その思想的展開を叙述した。改めて思うことは、丸山の重要な作品は一九四〇年代から五〇年代の比較的短い期間に書かれたということである。彼の主著である『日本政治思想史研究』と『現代政治の思想と行動』は、まさにその時期の論稿を収録している。現在、最もよく読まれるのも、これらの作品であろう。それに比べると、五〇年代後半、とりわけ「日本の思想」以降の作品では、それ以前の議論をいかに修正するのか、という点に関心が注がれていたように思われる。こうした変化は、六〇年前後に「戦後民主主義」という言葉が流布するにあたって、戦後の平和と民主主義への疑念が表明されたことに関わっているであろう。そこに、丸山の思想的作業の分岐点があった。

本論で述べたように、六〇年安保に前後して、丸山は自らを取り巻く状況の変化に戸惑っていたようである。それはまた、「日本ファシズム」研究を含めた『現代政治の思想と行動』が一九五〇年代後半に刊行され、読者層が急速に拡大したことにより、広範な影響を与えたこととも深く関わっている。すなわち、この著作の刊行をきっかけに、「戦後民主主義の旗手」としての位置付けが固まり、本人の意図を超えて、時代を象徴する知識人とみなされるようになったのである。そのことは、彼の研究者生活の全体を通してみた場合、あまり幸せなことであったとは言い難い。丸山はそのイメージを避けるように、思想史研究に沈潜していった。「日本の思想」から「歴史意識の「古層」」へと至る思想史の研究は、近代主義が影響力を失う中で、日本において近代的な主体の形成をはばむ要因を歴史上に辿る作業であった。

　橋川が本格的な著作活動を始めたのは、一九五〇年代後半、戦後の民主主義の論点がほぼ出尽くし、新たな批判にさらされる最中のことである。彼のテクストに特徴的なのは、「戦中派」としての独自の問題関心が刻み込まれていることであった。松本健一は戦後の論壇における橋川の位置付けをめぐって、「かれは一種病理的に「歴史」に拘泥せざるをえない、ある〝傷ついた精神〟にほかならなかった」[1]と述べている。橋川は自らの浪曼派体験について、「私たちの感じとった日本ロマン派は、まさに「私たちは死なねばならぬ《ヴィア・ミユッセン・シユテルベン》！」という以外のものではなかった」[2]と告白していた。そういった精神的傷痕を刻印された精神が〝傷ついた精神〟のままに歴史を見つめる視点こそ、自らの内部に「無数の死者」を抱え込んだ「戦中派」のものだったのである。その思想的作業は、丸山など戦後啓蒙派の知識人とは異なり、敗戦という「挫折」の中から探求すべき課題を見出すものであった。

本書の第五章と第六章では、橋川のテクストを取り上げたが、『日本浪曼派批判序説』は先程述べた丸山の分岐点の時期に書かれたものである。それは、丸山の方法論への批判を含みながらも、彼の議論を継承するものであった。戦後の橋川は、丸山の提示した鮮やかな「日本ファシズム」批判に魅了されながらも、自らの体験に照らし合わせた時、それへの違和感を拭い去ることができなかった。それゆえ、竹内好に接近することから、日本のナショナリズムの問題に向き合ったのである。竹内が「近代主義と民族の問題」や「近代の超克」といった論稿で示した日本近代への批判的視座は、橋川にとって魅力的に感じられたのではないか。橋川の思想史研究が、丸山の「超国家主義」論に対する批判として展開された時、橋川は「超国家主義」の成立に関する一つの仮説を提示することになったのである。ただ、橋川において、日本の「超国家主義」の問題は、まさに自らの内部への問いであるがゆえに、絶えず思想化には困難性が伴っていた。

日本の「戦後思想」において、丸山のテクストの占める圧倒的な存在感に対して、それを相対的に眺める位置を見出すうえで、橋川のテクストは重要である。なぜなら、丸山の議論の中核に位置する「日本ファシズム」批判について、橋川ほど鋭い考察を試みた者は、他に存在しないからである。本論で明らかにしたように、橋川は丸山の方法論から影響を受けながらも、それはいわゆる「丸山学派」に属する他の研究者とは異なり、丸山との距離感を維持した関係であった。その意味において、竹内や橋川のように、彼らと深い思想的つながりを持ちながらも、自らの戦争体験に立脚し、「挫折」の中から探求すべき課題を見出すという立場は、日本の「戦後思想」において重要な位置を占めているのではないか。橋川の思想的作業についても、それを日本の「戦後思想」の再検討に結び付けて考える際、彼の議論が切り開いた地平を積極的に見出すと同時に、その立場の困難性を見据えて、その有効性を再検討することが必要である。戦後の批判的知の枠組みを規定してきたマルクス主義と近代主義が、その方法的立場を厳しく問われている現在、それらとの距離を保ちながら、日本のナショナリズムの問題を扱った橋川の思想的作業について、その可能性が積極的に受け止められる状況が生まれつつあるように思われる。

◇注

（1）松本健一「橋川文三論――〈歴史〉を見つめる人」『思想の科学』一九八四年六月臨時増刊号、五頁。

（2）橋川文三『日本浪曼派批判序説』三六頁。

あとがき

本書は、私が二〇〇〇年代後半から発表してきた、日本の「戦後思想」に関する仕事をまとめ直したものである。そもそも、日本の政治思想史への関心から研究の道に入った者として、丸山眞男は避けて通れない存在であった。それは、丸山のテクストをどのように読むのかに加えて、彼が生きた日本の「戦後」にどのように向き合うのかを問うことでもあった。その丸山へのアプローチとして、彼と親交の深かった竹内好や橋川文三の視点を織り交ぜながら、日本の戦後知識人についての考えをまとめたのが、本書である。

私が丸山の著作と出会ったのは、大学に入学してしばらく経った頃である。信頼する先輩から、「あなたは法学部で政治学を学ぶのだから、まず丸山眞男の『現代政治の思想と行動』を読んだ方が良い」と薦められたことが、きっかけであったと記憶している。この出会いは、私にとって幸運であった。なぜなら、私が大学生活を過ごした一九九〇年代には、丸山の著作に代表されるような「古典」を読む習慣がなくなっていたからである。現在でも、政治学を学ぶ大学生が丸山の著作に触れる機会は多くないであろう。そうした環境の中で、私は「古典」を読むことの面白さと同時に、難しさを体験することができた。

橋川の著作との出会いは、それより後のことである。大学院に入学して、『日本浪曼派批判序説』を読んだのが最初であった。その時、語り口は難渋であると感じたものの、彼が思想を論じる際の立ち位置に興味を抱いた。現在も、丸山の影響を受けた思想史研究者の中で、思想家と呼び得るのは、まず誰よりも橋川であると、私は思っている。丸山は橋川に対して随分批判的だったようであるが、それに対して、橋川が丸山のことをどう思っていたのかは、よく分からない。そこには、様々な意味で「世話になった」という感情が、遠慮となって表れているのであろう。

本書において、私はこの二人を合わせて、日本の「戦後思想」を論じることを試みた。それによって、丸山と橋川、それぞれが論じたこと／論じ得なかったことを明らかにできると考えたのである。とりわけ、橋川を読むことを通して、丸山が意識的に論じようとしなかったことも理解できるようになった。そして、その過程で、やはり竹内に触れる必要があると判断した。それは、橋川が竹内の学問的な立場を学ぶことによって、丸山の方法論を相対化できるようになったからでもある。竹内は、日本の「戦後思想」において、丸山に並び称される大きな存在である。近年、様々な論者が改めて竹内の著作に注目しており、私もその影響を受けている。ただ、本書では、竹内について、丸山と橋川に関係する部分にしか触れることができなかった。
ここでの叙述には、これまでに発表した論文の内容が生かされている。それらは、発表順に、次の通りである。

「丸山眞男と原爆体験」、「著作解題／『現代政治の思想と行動』」、「著作解題／『戦中と戦後の間』」『KAWADE道の手帖　丸山眞男』河出書房新社、二〇〇六年四月

「吉野作造と美濃部達吉」、「「日本浪曼派」の意味」、「戦後の「近代主義」と「民主主義」」苅部直・片岡龍編『日本思想史ハンドブック』新書館、二〇〇八年三月

「橋川文三――戦後知識人の戦争体験論とナショナリズム論」米原謙・長妻三佐雄編『ナショナリズムの時代精神――幕末から冷戦後まで』萌書房、二〇〇九年一一月

「丸山眞男のアジア・再考」『現代思想』二〇一四年八月臨時増刊号

本書を執筆するにあたって、これらの論文を読み返してみると、私がこの一〇年程の間、同じ問題に取り組んできたことに気付かされた。それは、戦後の批判的知の崩壊に立ち会った私が、日本政治思想史の研究を入り口として、そうした知的状況に向き合ったことを踏まえたうえで、

その次を展望するような地平には立ち至っていないことである。「戦後レジームからの脱却」が声高に叫ばれる現在においても、私にはまだ、日本の「戦後」が無効になったとは思われない。そのことが、日本の「戦後思想」への再評価に向かわせているのである。その意味において、丸山と橋川のテクストについて論じることは、私が研究者として辿ってきた軌跡を確認することになるであろう。

本書は、私の最初の著書である。これまでの様々な出会いが、ここでの叙述に影響を与えている。

同志社大学法学部で西田毅先生の授業に接したことは、私が思想史研究に関心を持つきっかけになった。先生の講義は、近現代日本思想への問題史的なアプローチを基本にしながらも、結果として日本の近現代全体を見渡すことのできる内容であった。その問題関心の深さと明晰な語り口に魅せられる形で、私は思想史研究を志すに至った。その出発点は同時に、日本政治思想史研究の方法を規定している丸山への関心を呼び起こすことになった。

思想史の方法論を自分なりに模索している時、子安宣邦先生の著作に出会ったことは、その後の私の研究の方向性に大きな影響を与えることになった。大学三年の時、岩波新書の『本居宣長』を読んだことがきっかけで、当時、大阪大学文学部にいらした先生を訪ねることになった。

その時、私の拙い話を聴いてくださり、それ以降、「押しかけ弟子」として授業に参加する機会を得たことは、貴重な経験であった。私は先生から、思想史研究のアプローチだけではなく、学問に携わる者の矜持を教わった。また、先生が主宰されていた研究会での議論に参加することで、私は自分の問題関心を深めることができた。

大阪大学大学院文学研究科に進学してからは、杉原達先生にご指導いただいた。私が在籍した日本学講座は、思想史、民俗学、宗教学、歴史学、社会学、ジェンダー研究、文化人類学など、複合的な視点から日本研究を進める場であった。その中で、ともすれば自分の領域を見失いがちになる学生に対して、先生は自分の研究分野での蓄積こそが、研究者として独り立ちするには大切であることを教えてくださった。先生のご指導のもとで、私は吉野作造・蠟山政道・丸山眞男のテクストを中心に、第一次世界戦争から第二次世界戦争にかけての政治思想の系譜を辿り、博士学位論文「帝国の政治思想」を書いた。その成果については、いくつかの論文として発表したものの、一冊の本として公刊するには至っていない。遠からず、著書として世に問いたい。

その後、日本学術振興会特別研究員（ＰＤ）に採用されてからは、京都大学大学院教育学研究科の辻本雅史先生のもとで研究に従事することになった。先生は私に自由に研究する空間を与えてくださると同時に、学会の仕事をご一緒したり、研究発表をしたりする機会も与えてくださり、研究者として自立するための場を提供してくださった。また、なかなか仕事をまとめようとしない私に対して、いつも励ましの言葉をかけてくださった。

現在、若い研究者を取り巻く環境は、厳しさを増している。そのような中、同志社大学法学部の出原政雄先生が、同大学人文科学研究所の共同研究に参加する機会を与えてくださったことは、大きな転機となった。現在も、「戦後日本思想の諸相」をテーマとして続いている研究会を通して、私は日本の「戦後思想」に関する思索を進めることができた。また、それだけではなく、先生は若い研究者が置かれている状況に対して、常に心配りをくださり、大学での教育や論文の執筆など、様々な機会を与えてくださった。先生の温かなお人柄に出会うことがなければ、研究活動を続けることは難しかったであろう。

思想史研究の先輩として、米谷匡史さんから受けた影響には、大きなものがある。私は大学時代、米谷さんが書かれた和辻哲郎・三木清・丸山眞男に関する議論に導かれるように、自分の研究分野を探していた。その後も、吉野作造や尾崎秀実の位置付けをめぐって、直接米谷さんと対話を重ねる中から、あるいはともに研究会を立ち上げて共同研究を進める中から、私は自らの立場を研ぎ澄ませることができた。そして、米谷さんの存在は、私にとって研究の方向性を共有する先輩という意味で、いつも心強いものとしてあった。

大学時代から、様々な研究会での出会いがあったことにも感謝したい。とりわけ、思想史・文化理論研究会、「思想と文化」研究会、〈帝国と思想〉研究会を始めとする身近な研究の場は、私にとって大変貴重なものであった。また、日本思想史学会を始めとする学会において発表する機会が与えられたことも記しておきたい。

最後に、本書を書く機会をくださった教育評論社編集部の小山香里さんにお礼を申し上げたい。まだ、研究者としての蓄積に乏しい私に対して、自由に文章を書く場を作ってくださった。私の中で機が熟してきた絶妙のタイミングに、この話をいただいたことは、幸運であった。

二〇一四年九月三日

平野敬和

あとがき

丸山眞男（まるやま　まさお）略歴

一九一四年大阪府生まれ。父は政論記者の丸山幹治（侃堂）。二一年、東京に転居する。二六年、東京府立第一中学校に入学。三一年、第一高等学校に入学。三七年、東京帝国大学法学部政治学科を卒業し、同学部助手を経て、四〇年に助教授、五〇年に教授となる。七一年まで、東洋政治思想史を中心に講義を担当する。四〇年、『国家学会雑誌』に「近世儒教の発展における徂徠学の特質並にその国学との関連」を発表。四四年、朝鮮・平壌に応召、脚気を患い内地送還、召集解除される。四五年、広島市宇品の陸軍船舶司令部に再応召、被爆する。

一九四六年、雑誌『世界』に「超国家主義の論理と心理」を発表。四九年、平和問題談話会の設立に参加する。五一年、肺結核のため国立中野療養所へ入院（五四年、再入院）。五二年、『日本政治思想史研究』刊行。五六年、『現代政治の思想と行動』上巻刊行（下巻は五七年）。五七年、『岩波講座　現代思想』に「日本の思想」を発表。五八年、憲法問題研究会に参加する。六〇年、『近代日本思想史講座』に「忠誠と反逆」を発表。「選択のとき」、「復初の説」を講演。六八年、東大紛争で、全共闘の学生が法学部研究室を封鎖。明治新聞雑誌文庫所蔵の文書類を守るため文庫に連日泊まる。七一年、東大法学部教授を辞職。七二年、『日本の思想』に「歴史意識の「古層」」を発表。一九九六年、進行性肝臓癌のため死去。

主著に、『日本政治思想史研究』（東京大学出版会、一九五二年）、『現代政治の思想と行動』上・下（未來社、一九五六・五七年）、『日本の思想』（岩波書店、一九六一年）、『戦中と戦後の間――一九三六―一九五七』（みすず書房、一九七六年）、『「文明論之概略」を読む』上・中・下（岩波書店、一九八六年）、『忠誠と反逆――転形期日本の精神史的位相』（筑摩書房、一九九二年）などがある。それらを含めて、著作は『丸山眞男集』全一六巻・別巻一（岩波書店、一九九五―九七年）に収録されている。また、『丸山眞男座談』全九冊（岩波書店、一九九八年）、『丸山眞男講義録』全七冊（東京大学出版会、一九九八―二〇〇〇年）、松沢弘陽・植手通有編『丸山眞男回顧談』上・下（岩波書店、二〇〇六年）も刊行されている。

橋川文三（はしかわ　ぶんそう）略歴

一九二二年長崎県対馬生まれ。数え年四歳で、父親の郷里である広島に帰る。三四年、広島高等師範学校付属中学校に入学。三九年、第一高等学校に入学。この頃、日本浪曼派に接近する。四二年、東京帝国大学法学部政治学科に入学。四三年九月に「学徒出陣」のために臨時徴兵検査を受けるが、胸部疾患のため丙種合格となり、徴兵されなかった。戦後は、出版社に勤務し、雑誌『潮流』、同人誌『未来』の編集を担当する。四七年、丸山眞男を知る。同年、日本共産党に入党。五一年から五五年にかけて、胸部疾患のため療養生活を送る。この頃、丸山からカール・シュミット『政治的ロマン主義』の初版本を借り、その翻訳に取り組む。それによって、日本浪曼派批判の考え方を固めることになる。

一九五七年、雑誌『同時代』に「日本浪曼派批判序説――耽美的パトリオティズムの系譜」を発表して、本格的な著作活動を開始する。その後、明治大学で政治学の教鞭を執る。また、日本戦没学生記念会（わだつみ会）の常任理事となり、五九年からは、機関誌『わだつみのこえ』初代編集長ともなる。この頃、戦争体験をめぐり、石原慎太郎、大江健三郎などと論争する。六四年、『現代日本思想大系』に「昭和超国家主義の諸相」を発表。六〇年代には、竹内好らとともに「中国の会」を組織し、雑誌『中国』を編集する。六九年、竹内について中国語を学び始める。七〇年代には、『順逆の思想——脱亜論以後』、『黄禍物語』などが、その成果として発表される。八三年、脳梗塞のため横浜市の自宅で死去。

主著に、『日本浪曼派批判序説』（未來社、一九六〇年）、『歴史と体験——近代日本精神史覚書』（春秋社、一九六四年）、『近代日本政治思想の諸相』（未來社、一九六八年）、『順逆の思想——脱亜論以後』（勁草書房、一九七三年）、『黄禍物語』（筑摩書房、一九七六年）、『昭和維新試論』（朝日新聞社、一九八四年）、『昭和ナショナリズムの諸相』（名古屋大学出版会、一九九四年）などがある。それらも含めて、主な著作は『橋川文三著作集』増補版、全一〇巻（筑摩書房、二〇〇〇—〇一年）に収録されている。

事　項

サ行

タ行

ナ行

ハ行

マ行

ヤ行

ラ行

人　名

ナ行

ハ行

マ行

ヤ行

ラ行

ワ行

索　引

〈著者略歴〉

平野敬和（ひらの　ゆきかず）

1973年京都府生まれ。1996年同志社大学法学部政治学科卒業。2003年大阪大学大学院文学研究科博士後期課程修了。博士（文学）。日本学術振興会特別研究員（PD）を経て、現在は同志社大学嘱託講師、大阪商業大学・立命館大学非常勤講師。専攻は日本思想史。

論文に、「〈帝国史〉研究と応答責任」（高橋哲哉編『〈歴史認識〉論争』作品社、2002年10月）、「吉野作造のアジア――第一次世界戦争から国民革命の終結まで」（吉野作造記念館『吉野作造記念館研究紀要』第1号、2004年3月）、「蠟山政道と戦時変革の思想」（石井知章・小林英夫・米谷匡史編『一九三〇年代のアジア社会論――「東亜協同体」論を中心とする言説空間の諸相』社会評論社、2010年2月）、「吉野作造の帝国主義批判と植民地論」（同志社大学人文科学研究所『社会科学』第42巻第1号、2012年5月）など。

丸山眞男と橋川文三

「戦後思想」への問い

二〇一四年十一月二十九日　初版第一刷発行

著　者　平野敬和

発行者　阿部黄瀬

発行所　株式会社　教育評論社

〒一〇三-〇〇〇一

東京都中央区日本橋小伝馬町12-5 YSビル

TEL　〇三-三六六四-五八五一

FAX　〇三-三六六四-五八一六

http://www.kyohyo.co.jp

印刷製本　萩原印刷株式会社

定価はカバーに表示してあります。

落丁本・乱丁本はお取り替え致します。

ISBN 978-4-905706-90-8